President Thus Made:
The American Elections
(Second Edittion)

Cheng Zhang
Joshua Zhang

Remembering Publishing

总统制造

——美国大选

张程、乔晞华著

美国华忆出版社

Copyright © 2019 by Remembering Publishing

ISBN： 978-1-951135-02-7（P-平装本）
978-1-951135-03-4（E-电子本）
LCCN：2019912153

Remembering Publishing, LLC
9600 S IH-35, C600
Austin, TX 78748
RememPub@gmail.com

书名： 总统制造——美国大选
作者： 张程、乔晞华著
出版： 美国华忆出版社 奥斯汀·得克萨斯州
版次： 2013 年 10 月第一版
2019 年 8 月第二版
字数： 127 千字

前 言

2012 年的美国大选中，民主党总统候选人，现任总统奥巴马以 332 张选举人票击败了仅获得 206 张选举人票的共和党候选人罗姆尼，成为美国第 57 届总统和第 44 任总统。尽管选举人票数相距悬殊，但是实际的选民票数却非常接近。奥巴马获得了 51% 的选票，而罗姆尼获得了 48% 的选票。在联邦参议院的选战中，民主党保住了多数党的地位，占有 53 个席位，加上两位倾向民主党的独立参议员，共有 55 席。共和党只占有 45 个席位，仍然处于少数党地位。

此次选战，民主党虽然在总统和联邦参议院的选举中获胜，但是在联邦众议院席位的争夺战中，以 201 比 234 败给了共和党。共和党继续以多数党的身份在众议院称雄。众议员的选举中，共和党获得的选民总票数比民主党少。民主党获得了 49.0% 的选票，而共和党只获得 48.2% 的选票。但是他们在众议院的席位却比民主党多得多(53.8% 比 46.2%)，这是为什么呢？

得克萨斯州（常简称"得州"）的共和党为该党在众议院保持多数党地位立下了汗马功劳，功不可没。在分配给该州的 36 个联邦众议员席位中，得州的共和党拿下了 24 席，民主党仅获得 12 席。得州的共和党取得如此骄人业绩与人心所向分不开。但是，得州民主党的票源并不比共和党差得太多，为什么会输得如此惨烈呢？

其实，大选还没有开始，圈内人士已经准确地预测了这一选举结果。得州的民主党在大选真正开战之前竭尽全力，企图阻止这一悲剧的发生。不幸的是，得州的民主党未能如愿。

这是怎么回事呢？故事还是得从头说起。

本书在写作和出版过程中曾得到瞿福军编辑和宋娜编辑的支持、帮助、鼓励和指教，在此表示衷心的感谢。书中的观点仅代表作者个人立场，与作者为之服务的政府机构和时装杂志无关。

目　录

建国基石

1787 年，富兰克林①在完成宪法起草离开独立大厅时，有一位妇女问他，"你们给我们创造了什么？"

富兰克林答道，"一个共和国，夫人，如果你们能好好维系它的话。"

俗话说"创业容易守业难。" 看来美国的建国者们也懂得这个道理。美国是一个种族多、移民多、信仰多的"三多"国家。美国又是一个贫富差别巨大的国家，要维系这样的国家，使意见迥异的国民和平相处，可不是一件容易的事。富兰克林和其他建国先驱们对美国以后的命运不无担忧。

如何维系一个国家是个政治问题。对于如何定义"政治"，目前还没有公认的确切说法。按照著名的政治学家拉斯韦尔②的说法，"政治决定何人在何时、何地、以何种方法得到何物。"换句话说，政治通过非暴力的方式决定权力和资源的分配。

无论一个人的目的多么崇高（例如为了天下劳苦大众的幸福）或者多么渺小（例如为了一己私利），争夺有限的权力和资源的斗争都是政治行为。要想做到在争夺有限的权力和资源的过程中不使用武力，只有通过妥协、合作、协商和争论（有

---

① 本杰明·富兰克林（Benjamin Franklin, 1706-1790）十八世纪美国的科学家和发明家，著名的政治家，哲学家，外交家，文学家和航海家，美国独立战争的领袖。他对美国独立做出的贡献只在华盛顿之下。

② 哈罗德·拉斯韦尔（Harold Lasswell, 1902-1978）是美国著名的政治学家，社会学家、心理学家和传播学者。

时甚至通过贿赂和欺骗)来实现。从这一角度看，"政治是肮脏"的说法不无道理。

由于资源有限，每个人对权力和资源的愿望不可能全部实现。因此在争夺资源的斗争中会有输有赢。"妥协"和"胜负难料"是政治的两大特点。建立和维系美国，美国人面临着四个大问题。

第一个问题是对人性的认识。中国人受儒家思想的影响，相信"人之初，性本善"。西方人受基督教的影响，相信"人之初，性本恶"。两种观点虽一字之差，却有着天壤之别。在美国的建国初期，人们以为具有民主思想的美国人会把集体利益和国家利益放在首位，会为集体和国家牺牲个人利益。这就是所谓的"共和美德"[①]。然而，美国人的表现却令人大跌眼镜。美国人尽管饱受英国人的压迫，痛恨英国人的自私。但是当他们取得独立，掌握了政权以后，他们也表现得非常自私。他们把自己的利益放在首位，并未把别人的利益、集体的利益和国家的利益放在心上。他们想到的只是自己的权力，却没有想过自己的义务。难怪在建国一百多年后，肯尼迪[②]总统发表就职演说时还说，"不要问国家为你做了什么，要问你为国家做了什么。"卢梭[③]说得更直截了当，他认为民众会被蒙蔽，所以众意不可靠。

[①] 共和美德，Republican virtue。

[②] 约翰·肯尼迪(John F. Kennedy, 1917-1963)美国第35任总统，1963年11月22日遇刺身亡。

[③] 讓·雅克·盧梭（Jean Jacques Rousseau，1712-1778），瑞士裔的法國思想家、哲学家、浪漫主义作家、政治理論家和作曲家。

举一个例子说明这一问题。1786 至 1787 年间，马萨诸塞州发生了"谢伊斯暴乱"[1]。美国虽然在独立战争中取得了胜利，但是战后的经济很糟糕，许多民众欠了钱无力偿还。民众为了争取平等积极参加了独立战争，等到革命胜利后，他们却陷入了经济困境。有的州通过法律，为穷人减轻或免除债务。这样的作法与"保护私有财产"的资产阶级法治的原则背道而驰，实质上是一种变相的财产重新分配，有点像"打土豪，分田地"。为了减轻战后民众的痛苦，这些州大肆印制纸钞，没收财产，停止正常的收债程序。欠钱的穷人可以合法地逃避或延迟偿还所欠的债务。

谢伊斯暴乱正是在这种情况下发生的。谢伊斯参加过独立战争，回到老家后，由于无力还债，被告上了法庭。遭此命运的远不止他一个人，他开始积极组织抗债运动。像他这样的老兵，当年被征召入伍参军打仗，没有获得任何军饷，退伍时没有任何补贴，结果回到家中因欠债被投入监狱，实在太不公平。他们自发地拉起队伍进行抗债。在法院门口，这些抗债武装遇到政府派来阻止他们的民兵组织。不过，有不少抗债的民众和老兵本身也是兼职的民兵。在大多数情况下，民兵们同情这些抗债的队伍。

谢伊斯暴乱的导火索是州最高法院的判决，11 名抗债领导人被判处有罪。按照法院的说法，抗债行为是卖国行为，可以处予死刑。抗债队伍穷途末路，只好揭竿而起。谢伊斯率领七百多名抗债武装人员，向斯普林菲尔德军工厂[2]进发，试图夺取武器，沿途又有不少人加入他们的队伍。政府出动军队阻止，

---

[1] 谢伊斯暴乱(Shays's Rebellion)，由丹尼尔•谢伊斯(Daniel Shays, 1747-1825)领导。

[2] Springfield Armory (1777-1968)，美国闻名的军工厂，1968 年关闭，现成为国家公园，旅游景点。

所幸的是，双方没有发生实质性的交战，事件以数名抗债人员死亡多人被捕告终，大多数被捕人员事后得到特赦。谢伊斯也于1788年获特赦，后来搬到纽约，在贫困中死去。

谢伊斯暴乱给美国的开国元勋们上了一课，看来"民众自制"的道路是走不通的。要不然，将来一旦发生经济危机，占人口大多数的穷人会拉起队伍，来一次财富再分配，国家的经济秩序会被打乱，国家会陷入无政府状态。政府必须想办法避免此类事件的发生。

第二个问题是"多数人暴政"的问题。这一问题与法国大革命时期雅各宾派①曾经以革命和人民的名义，实行恐怖统治有关。按理说，民主能够达成全体共识，但是由于民众的认识和利益差异等原因，民主其实只是多数人的民主。必须指出的是，多数人的意愿并不等于所有人的意愿，多数人的利益也不等于所有人的利益。民主要求人们以和平的方式解决争端、达成共识。而要达到这一目的，人们必须遵循多数原则。但是多数原则的正当性确立以后，保护少数人的权利成了问题。多数原则极有可能被滥用，多数人的意志具有强大的威力，会压制和摧毁少数人的权益。

按照麦迪逊②的说法，在一个共和国里，保护社会成员不受统治者的压迫固然重要，但是保护某一部分社会成员，不受其他成员的不正当对待同样重要。在不同的社会成员之间，肯定存在不同的利益，如果大部分成员联合起来，那么少数群体的权利就会得不到保障。虽然独立战争击败了来自英国的暴政，

---

① 雅各宾派（Jacobin），又叫雅各宾党、雅各宾俱乐部，是法国大革命时期资产阶级激进分子的政治团体。

② 詹姆斯·麦迪逊(James Madison, 1751-1836) 美国第四任总统，一位理智型的领导人，被称为美国的"宪法之父"。

但是独立、民主的美国社会，却依然存在着多数人暴政的可能性。

面对少数服从多数的民主原则，人们既高兴也担忧。独立战争之前美国的各州并未成为一个统一的国家。独立战争胜利以后，美国的13个州酝酿成立统一的国家。各州开始担心其他州会不会联合起来，做出不利于本州的事情来。作为个人，当一个人同意和其他人按少数服从多数原则组织起来时，也会担心其他人会不会利用人多，做出不利于自己的事情来。在美国建国初期的争论中，这种担心充分地体现了出来。如何立宪确定13个州在今后国家决策中的地位呢？几个大州提出一个方案，要求按州的大小设立国会。而几个小州生怕成为多数人暴政的牺牲品，提出另一个方案，即州不分大小，享受同等权力。面对两种截然不同的方案，建国者们展开了激烈的争论。

第三个问题是国家与各州之间的关系。美国应该成为一个什么样的国家，是一个中央集权的联邦，还是一个以地方政府（这里指州政府）为主的松散的邦联，美国人的观点大相径庭，分为联邦派和反联邦派。

联邦派大多是商人，拥有很多财富。他们希望国家相对稳定，这样就会有更多的人愿意投资发展商业。谁也不会愿意把钱投到一个不稳定的地区或国家。因此，从他们自身的利益出发，他们相信一个强有力的中央政府，对于他们经商更为有利一些。他们认为，人之初性本恶，国家和政府必须采取强有力的措施，防止人的野心和腐败的倾向。

反联邦派大多是农场主。从他们的自身利益的角度考虑，集权的中央政府会对他们不利。他们更希望地方政府的权力大于中央政府。因为，农场主的经营方式一般比较落后，不需要政府过多的调节。同时他们不太相信人之初性本恶，认为政府应该保持较小的规模，由群众自己监督自己。在这样的管理下，人民可以安居乐来。在这一点上，他们与中国老子的"无为而治"观点不谋而合。

最后一个问题是政党问题。对于政党，美国人存有不同的看法。一方面，政党的存在会使人们积极参与国家大事。另一方面，政党的斗争也会带来负面影响。党派之争不利于国家的团结。如果政党在某些问题上僵持互不让步，会造成国家的混乱。例如克林顿时期在国债的问题上，两党不能达成统一认识，联邦政府只好关门等钱。在美国建国初期，对政党作用持怀疑的态度占据了上风。

面对以上四个大问题，美国人有着维系他们国家的法宝。这就是他们的核心价值观："民主"、"自由"和"平等"。

民主指的是由人民统治。民主是基于共识和少数服从多数的统治。采用这样的方法所做出的决定未必公平，制定的政策未必合理，选举出来的领导者未必是好人。但是，只要在做出决定的过程中，遵循少数服从多数的民主原则，那么所做的决定就是公平的、民主的。

如果某部分人的权力受到了损害，该怎么办呢？这些人应该如何捍卫自己的权益呢？第一种办法是反对民主的决策程序，第二种办法是超越民主程序对不合理的法规进行抗争。这两种办法虽能够暂时地解决问题，但不是长久之计。最妥当的办法是，受到损害的那部分人应该首先争取拥有民主权利。这是因为，民主程序和少数人的权利是一致的。要求自己的民主权利事实上是坚持民主程序，而坚持民主程序实质上就是要求自己的民主权力。

民主程序有可能会产生损害某些人的利益。受害者可以抗争，但是抗争的目标不是改变民主程序，而是改变民主程序所制定出的不合理法规。只要大家坚持民主程序，坚持按照民主的游戏规则行事，最后总会达到一个令众人满意的结果。如果改变了民主程序，事情很可能变得更糟。所以美国人坚持的民主，实际上是坚持民主的程序。

民主的一个重要特征是包容。一个国家有众多的百姓，观点和想法不可能一致，这就需要人们能够容忍不同观点的，尊重其他人的权力。这是民主机器的润滑剂，缺少了它，民主这部机器不可能平稳地运行。这也是妥协的前提，不能容忍和尊重他人，不可能有妥协。无论人们的言论和观点是"革命的"还是"反动的"，应该允许人家发表意见，让人家把话讲完。美国哥伦比亚大学曾邀请"美国公敌"伊朗总统内贾德前往演讲，体现了这一兼容并包的理念。

美国是一个崇尚自由的国家。但是美国的自由不是任性意义上的自由，不是想说什么就说什么，想做什么就做什么的自由放任。美国的自由是在国家限制下的个人自由，这是一种程序上的自由。那么什么叫做程序上的自由呢？

我们举一个例子来说明。在美国，每个人都有接受教育的自由。在申请学校的过程中，学生不应该受到歧视。学校不能对某些人专门设置不公平的门槛。2012年2月，美国的哈佛大学和普林斯顿大学涉嫌在招生过程中歧视亚裔，受到联邦政府的调查。多项学术研究显示，美国顶级大学的亚裔学生比例，超出该族裔在总人口中的比例。现在，亚裔学生的大学入学考试成绩或高中成绩，必须满足更高标准才能被名校录取。这一情况与20世纪上半叶犹太裔所受的遭遇相同。当时的犹太裔也遭受到常春藤大学的指标限制。这样的招生程序显然不公平，限制甚至剥夺了部分人受教育的自由。

在美国，每个人都有经济上的自由，有从事经济活动的自由。说的直白一点，就是人人都有挣钱的自由。政府有责任出台相应的政策管理市场。但是，政府不能设立一个政策，只准某些人开公司挣钱，而不让另一些人开公司挣钱。当然，有的人开了公司因为经营不善，挣不到钱甚至赔了钱，那不关政府的事。

美国是一个强调平等的国家。民主、自由和平等三个信念中，平等更强调形式和程序上的意义。平等意味着平等的对待和平等的机会，但是平等并不意味着结果相同。我们可以用体育运动中的足球赛打个比喻。比赛中，两队的球员人数必须相等。如果一方是 11 人，另一方是 12 人，这样的安排对前者就不平等。场地对比赛的结果有很大的影响。如果一方的球员总是逆光、逆风，另一队的球员总是顺风、背光，这样的安排对前者不公平。所以，足球比赛总是抽签选择场地，下半场还要交换场地，逆光逆风也好，背光顺风也好，大家都轮到，机会均等。不过，平等并不保证两个球队的比赛结果相等。输赢还要看各球队的造化。不能输球就说不平等。

关于乒乓球，曾出现过争议。国际乒联为了限制中国球员的优势，改变比赛规则，规定某种球拍不能使用，乒乓球的直径有所增加，以便降低乒乓球的运行速度。尽管冠冕堂皇的理由是为了增加乒乓球比赛的观赏性，实质上是为了限制亚裔球员（尤其是中国球员）的发挥。这样的改变，从程序上讲仍然是公平的。因为在新的规则下，无论哪位球员均使用同样直径的乒乓球，不得使用禁用的球拍。如果你不能取胜，只能怪自己水平不高，不能埋怨新的规则。中国球员很快适应了新规则，照样称霸乒坛。

总而言之，美国的社会看重形式和程序，只要规则设立得公平合理，结果必然会好。就像体育比赛那样，只要规则合理、裁判公平，比赛的胜负无所谓。赢的开心，输的服气，因为比赛终有胜负。由于在民主、自由与平等三个方面，美国人存在着共识，所以他们面临的问题能够得到较好的解决。

关于政党派别问题，麦迪逊认为，自由会催生党派纷争，就像空气为火的燃烧提供条件一样。拉帮结派、党派争斗会导致国家分裂，但是我们不能因噎废食，不能因为害怕政党派别的负面影响而放弃自由。麦迪逊指望通过产生许多利益团体，来抵消政党的作用。美国的首任总统华盛顿①不属于任何政党。当他任满两届总统做辞别演说时，仍不忘告诫美国人民，政党会产生有害的影响。

不过，华盛顿的努力已经迟了。他的继任者早已介入政党之争。1796 的大选选出了以联邦党为后盾的亚当斯②总统和以民主共和党为后盾的杰斐逊③副总统。后来在 1804 年，美国的宪法进行修正，避免正副总统分属不同政党的尴尬状况。政党名正言顺地进入美国的政坛。尽管不少建国的先驱们对政党的作用并不看好，不过到目前为止，美国政党之间的斗争还没有毁了这个国家。

针对人的本性的弱点，美国在民主的形式上，采用"代议制民主④"的办法来预防。代议制民主也叫做间接式民主。代议制民主是公民选举代表掌握国家决策权力，公民的民主权利主要体现在选举代表的权利上。采用这一方法决定国策和选举领袖是公平的。因为在选择的过程中，每一个关心国家大事的人的意见和利益得到应有的尊重和考虑。（当然，那些对政事

---

① 乔治·华盛顿（George Washington，1732 年-1799），1775 年至 1783 年美國獨立戰時大陸軍的總司令，1789 年成為美國第一任总统。
② 約翰·亞當斯（John Adams，1735-1826）美國第一任副總統，继华盛顿总统后成為第二任總統。亞當斯是獨立宣言簽署者之一，美國的开国元勋之一。
③ 托马斯·杰斐逊（Thomas Jefferson，1743-1826），美國第三任总统，獨立宣言主要起草人，美国的开国元勋中最具影響力者之一。
④ Representative democracy 代议制民主。

不关心的人们的意见和利益除外。他们出于各种原因，放弃参与的权力。）

这种民主不是人们想象的那种什么事都由民众投票决定的民主。代议制民主是人民选出自己的代表，由这些被选出来的代表为百姓做政策方面的决定。这样的民主显然不相信群众、不相信人民的觉悟。

因为对人的本性不抱任何幻想，麦迪逊提出具有美国特色的共和理念。既然人民不能体现"共和美德"，那么就应该建立这样的一个政府，无论人民的德性如何，这个政府总是能够产生共和美德的结果。按他的话说，一个基于人民的政府必须能够限制民意。这一观点听起来有点别扭，却不无道理。

支持间接民主的另一个因素是美国人信奉"个人主义"，这是美国文化的核心。我们在这里讲的"个人主义"是政治范畴里的观念，与中国人平时讲的个人主义有点区别。个人主义指的是，凡对社会有利的事情必须建筑在对个人有好处的基础之上。这与"集体主义"观念有天壤之别。因为集体主义认为，对社会和国家有利的事，对个人不一定有好处。

根据个人主义的理念，一个人如果经济上出现问题，不能埋怨国家、埋怨社会，只能怪自己运气不好，怪自己无能，不能动不动就来"打土豪，分田地"，重新分配财富。政策应该保护私人财产不受侵犯。即使大多数民众赞成，也不能损害富人的利益。能够做到这一点的，只有社会上的少数精英。一般民众不可能有如此的理智，所以必须实行间接民主。

近年来欧盟国家出现的问题说明了这一点。希腊政府的财政出现危机。希腊政府的首脑具有理智，深知利害关系，所以制定财政紧缩政策。但是这些措施引发民众的暴力抗议。按理说，政府有困难，作为该国的人民，理应与政府同舟共济。但是希腊人民却从自身的利益反对这一政策。在希腊人民看来，国家破产事小，个人生活事大。这一事件说明间接民主的合理性。

与民众的短视成鲜明对照的，是政治家和精英们的高瞻远瞩。1803年，杰斐逊总统决定花1,500万美元从法国的拿破仑手中买下路易斯安那州。当时的美国民众反对的居多。然而历史证明，这一交易对于美国非常有利。经历多少年后，普通百姓才理解杰斐逊的远见。

民主无法避免多数人暴政。我们必须明白，民意并不等于民主。麦迪逊认为有两种方式可以防止多数人暴政的发生。一是建立一个独立于大多数人意志的最高政治权威，这样，当大多数人通过民主程序，建立侵害少数人利益的法律时，这个最高权威就可以出来否决。但是，这个最高权威一样可能支持多数人，去侵害那少数人权益，而且还可能利用自己的最高权威，同时侵害多数人和少数人的利益，以此满足自己的利益，所以不是一个好方式。麦迪逊推荐的第二种方式，是组织一个多元的社会体。这样就难以在某一问题上形成大多数，去反对少数派。但是事实证明，这种方法也行不通。

均衡照顾各方利益也许可以解决这一问题。比如有四个人讨论如何消遣打发时间。其中三人主张在家打麻将，一人主张合伙外出旅游。按照民主的原则，四个人应该打麻将，否则三缺一打不成。但是那个主张外出旅游的人可能会不高兴。由于这个人的原因，大家会玩得不尽兴。所以更好的方案是，既打麻将也适当地外出旅游，或者一边旅游一边打麻将。这样的作法实质上是一种妥协。在大州和小州的矛盾方面，美国的建国先驱们经过激烈的争论，采取妥协的方案。参议院接受小州们的建议，州不分大小，权力平等。众议院按大州们的意思办，成员的多少由各州的人口决定，这就是有名的"大妥协"[①]。

[①] The Great Compromise，大妥协。

关于集权的中央政府和以地方为主的松散的邦联政府，美国的建国先驱们经过争论和协商最后也达成妥协。美国的联邦政府和州政府的权力，有共享的部分，也有各自独立的部分。例如，联邦政府有权接纳新的成员州，有权印钞票，有权处理外交事务，有权对外宣战，有权拥有军队，有权管理与外国和州与州之间的商业。这些权力州政府是没有的。有的时候，联邦政府可以利用手中的权力迫使州政府做出让步。1984 年 7 月，联邦议会通过一项法案，规定年满 21 岁的成人才能喝酒，如果哪个州不执行这一法律，联邦政府将扣除百分之十的公路拨款。虽然理论上各州有权拒绝执行这一规定，但是百分之十的公路拨款不是一笔小数目，各州只好乖乖就范。而州政府也有联邦政府不能拥有的权力。例如，管理选举、决定选举的结果、拥有民兵（也叫国民自卫队）、管理州内的商业和建立地方政府等等。

联邦与州政府还有共享的权力，例如可以为公共事业举债、管理银行、收缴税收、建造公路、通过法律、为公共利益以公平的价格收购私人的土地等等。所以联邦和州之间的关系有点像"大理石蛋糕①"。说得通俗一点，叫做"你中有我，我中有你"，或者叫做"相互渗透、盘根错接"，有点"剪不断理更乱"的味道。

不过，联邦与州之间权限划分的矛盾一直没有停止过，2012 年发生的亚利桑那州移民法之争就是一例。该州通过法律，授予州警察拘捕州内非法移民的权力。联邦政府认为，非法移民虽然不合法，但是抓捕非法移民的权力属于联邦，州政府属下的州警察无权参与此事。双方各不相让，官司一直打到最高法院。

---

① Marble cake，大理石蛋糕。

　　由于错综复杂的关系以及人的恶性本质，为了平衡各种矛盾，美国的早期建国先驱们提出了权力制衡的策略。法国杰出的启蒙思想家和哲学家孟德斯鸠①在他的《论法的精神》一书中曾说过，当一个人或一个团体既负责制定法律，又负责执行法律时，无论这个人或这个团体有多高尚，自由就没有了。

　　把所有的权力集中在一个人身上，或者一个团体的手中，就像把鸡蛋放在一只篮子里一样，万一有什么闪失，整个篮子里的鸡蛋就会完全报销。这是不明智的举措。这一道理与炒股票差不多。炒股票时，傻瓜才会用所有的资金买一种股票。所以美国的宪法确立了三权分立的政府管理机制。美国的宪法是在麦迪逊的影响下制定的，宪法确立成功效力于美国两个多世纪的政体，确保美国公民基本权力的实现。

---

① 查理·路易·孟德斯鸠(C.L.Montesquieu,1689-1755)。

三权机构

美国政府有三大机构，即立法、司法和行政。美国的立法机构是美国国会，由参议院和众议院组成。这是两个独立运作的议院。这种立法机构叫做两院制。有些国家的立法机构实行单院制（也称为一院制）。

两院制议会起源于欧洲封建时代的等级议会。当时的社会分为等级，人分属神职阶层、贵族阶层和平民阶层等各种阶层。实行多院制主要是各阶层的利益无法平衡。例如，神职阶层、贵族阶层和平民阶层的人无法说到一块儿去。瑞士曾有过四院制。英国的两院制是为了解决贵族和平民之间的矛盾而产生的。现在实行多院制的国家基本没有，多半实行一院制或两院制。

美国的两院制的产生另有原因，我们在前一章已经讲过。几个大州提议以人数为基础确立议会的代表名额，而几个小州则提议州不论大小按固定名额确立代表名额。双方争执的结果是妥协，参议院每州各有两名代表，众议院的代表由各州人数的多寡决定。

两院制中的两个议院主要有三种模式组成。第一种是在君主立宪国家中，贵族组成一个议院，通常称为上院。另一个议院由平民选举而成，通常叫做下院。第二种是在联邦国家中，一个议院以州或者成员邦为单位选出，如美国的参议院以州为单位。另一个议院按人口比例选出，如美国的众议院。第三种是在普通共和国中，通常一个议院由委任或间接选举的议员组成，另一个议院由全民直选产生。

两院的职权划分主要有几种情形。有的下院权力大一些，如英国。英国的下院对财政提案有先议权，上院只有一个月的延期通过权。内阁只对下院负责。有的是上院和下院权力相当，如美国。美国的国会设有两个议院，目的之一是平衡两院的权力，起到相互制约和相互制衡的作用。美国的参众两院权力是这样分配的：所有的提案必须由两院同时通过，而且内容必须完全一致才能正式成为法律。两大议院还有各自独有的权力。众议院有权启动征税提案，有权弹劾政府官员等。参议院有权审核总统提名的内阁官员任命，有权审判受弹劾的官员，批准与外国缔结的条约。

美国的参众两院除了功能不同之外，两院还有不少相异之处。在任期方面，众议员的任期是两年，而参议员的任期长得多是六年。参议院每两年改选其中的三分之一议员，以保持连续性。这样的安排有利于参议员集中更多的精力，为国家考虑长远的利益。由于众议员的任期只有两年，为了能够连任，众议员在两年的任期中需要花费很多时间进行竞选活动。众议员在国会对提案投票时，民众意见对其投票有很大的影响。民众的意见有的时候会是短视的，对国家的长期利益考虑不足。参议员因为任期比较长，一旦选上可以在较长的一段时间内不为民意左右，可以为国家的长远利益投下理智的一票。

对于当选议员的年龄，参众两院也有差异。众议员的最小年龄是 25 岁，而参议员的最小年龄是 30 岁。从年龄的要求我们可以看出，美国人也相信"嘴上没毛，办事不牢"的说法。众议员可以由毛头小伙子担任，但是参议员必须是更成熟更理智的成年人担当。

议员必须是美国公民。众议员必需有满七年的公民史，参议员则需有满九年的公民史。刚刚成为公民的美国人是不能当选参议员或众议员的。一个人必须在成为美国公民至少七年或九年之后，才有权当选众议员或参议员。

参众两院的人数也有不同。参议院由 100 名参议员组成，每个州不分大小各有两个名额。相比参议院，众议院的人数则多得多，有 435 名成员组成。50 个州按其人口在全国人口中的比例分配名额。个别小的州，无论人口多寡，保证有一个名额。根据 2010 年的人口普查，阿拉斯加州、特拉华州、蒙大拿州、北达科塔州、南达科塔州、佛蒙特州和怀俄明州只有一个名额。

美国有些未成为州的地区，没有可以投票决定事儿的众议员名额。这些地区选出自己的代表参加国会的会议，但是在国会中不能投票。这些地区包括美国政府所在地哥伦比亚特区、美属萨摩亚、关岛、美属维京群岛、美属北马里亚纳群岛和波多黎各。

民众选举议员，目的是为了让这些议员能够代表人民行使权力。由于国会议员是由各选区的选民选举出来的，选民自然希望他们选举出来的议员能代表本地区人民的意愿。被选出的议员不仅要代表投他票选民，而且还要代表未投他票的选民。议员不能说，你不投我的票，我当选后就不替你们说话，不代表你们这部分人的利益。

"代表"在这里有四个含义。第一个意义是政策方面的代表。在制定法律时，国会议员会倾向本地区的利益。例如来自盛产烟草地区的议员对于禁烟的法律肯定会持保留态度。因为禁烟会使该州的收入受到影响。来自产石油州的议员肯定会对石油公司友好一些，因为如果制定的法律对石油公司不利，本州的收入会受到影响。议员们的立场，往大处说会影响该州的经济，往小处说会影响议员的位子。民众很可能因为他的立场在今后的选举中不再投他的票。如果这些议员对大公司态度友善，可以换取这些公司对他们的支持。有这些公司作为后盾，他们连任的机会将大得多。

代表的第二个含义表现在预算分配方面。选民们指望他们选出的议员能为本地区带来好处。美国把这一作法叫做"肉桶立法"①。美国的联邦政府常有项目拨款，如基建项目和军事项目等等。有的议员比较有能耐，能使他们的选区比其他选区更容易分得好处。该区的选民因此在经济上得益，成为这些议员的粉丝。国会讨论关闭一些军事基地，以便缩减军费开支。尽管许多议员们大声疾呼裁减军费，可是轮到"关停并转"自己选区内的军事基地时，这些议员们就会变脸。他们会竭尽全力保护自己选区内的军事基地。因为这些基地的关闭意味着本地区的许多居民将失业，选民们肯定会怨声载道，议员的席位就悬了。

代表的第三个含义表现在为民服务上。既然选出的参议员和众议员代表百姓，那么百姓遇到麻烦事，议员们理应站出来为民说话，为百姓排忧解难。例如有的人申请亲属来美访问或移民被拒。移民局和美国的驻外领馆不好惹，普通百姓绝对不是它们的对手。许多百姓遇到这种情况，往往是叫天天不应，叫地地不灵。在不得已的情况下，有些百姓想到了他们的国会议员。只要百姓写信或打电话给这些议员讲明情况，议员办公室肯定会给予答复，工作人员还会与有关部门联系争取解决问题。

曾有一位来自中国大陆的餐馆老板为自己的母亲办了移民，等候多年不见音信，律师多次写信给移民局，结果石沉大海杳无音讯。在朋友们的建议下，这位老板斗胆向本州的参议员写了一封求援信。参议员办公室很快回了信，表示一定尽力帮忙。没多久移民局批准了他的申请，他的老母亲终于顺利来美与他团聚。

---

① "Pork barrel benefit"也译为"肉桶政治"或"政治分肥"。

代表的第四个含义是象征性代表。代表们热衷于到处做报告、发表演说，与选民们套近乎，动辄和与会者握手拥抱，抱起人家的娃娃拍照，开口闭口"我们""咱们"，与选民们称兄道弟，使选民们感到议员们是他们中间的一份子。

当国家利益和地区利益一致的时候，情况比较简单。可是当地区利益和国家利益不一致时，这些议员该如何行事呢。作为国民，人们希望他们的代表能从国家利益出发为民作主。但是作为选民，人们又希望他们的代表能为本地区谋利。这一矛盾使得代表进退两难。在很多情况下，众议员一般会以本地区利益为重，因为他们的任期很短只有两年。如果他们不能代表选民，力争为本地区谋利，下次当选就难了。而参议员因为任期长一些，表现得会更理智些。

由于在国会里共和党和民主党占据了绝对的优势，所以两党对国会的运作起了决定性的作用。众议院议长由众议院中占多数席位的政党代表担任。2012年大选中，共和党占据了众议院的多数席位，所以众议院议长由共和党的博纳[①]担任。由于众院议长主持众议院的会议，他是众议院权力最大的人物。众议院中还有两位领导，这就是众议院多数党领袖和少数党领袖。

参议院主席由副总统担任。相对于众议院议长，参院主席的权力要小得多，基本上是个闲职。参议员上台辩论时，这位主席只有聆听的份，却没有说话的权。只有当参议院投票50对50不分胜负时，这位副总统兼参议院主席才有投票的权力。不过，此时的投票可是致关重要的。参议院还有三位领导人，参议院多数党领袖、少数党领袖和参议院临时主席[②]。

[①] 约翰·博纳(John Boehner, 1947-)，1991年起任俄亥俄州聯邦眾議員，2007年出任眾院少數黨領袖。2011年出任众议院议长。

[②] 參議院臨時主席(President pro tempore)由多數黨中最資深的議員擔任。

参众两院在两年的时间内要处理大量的提案和提名。据估计大约有 12,000 提案和 100,000 的提名。面对如此巨大的工作量，两院不可能事无巨细——审查和通过。两院的委员会和小组委员会承担了具体的工作。提案的细节是在委员会和小组委员会里出笼的。委员会还负责为议会提供有关的情况、收集反映、了解议员的态度和意见并提出修改。委员会不仅在提出提案上是主力军，而且为提案起着眼睛和耳朵的作用。

委员会分四种类型。第一种是常任委员会。这些委员会是正式的、长期的和永久性的。众议院有 19 个，参议院有 16 个，主要分管如农业、外交、军事、教育、能源、金融、财政、运输和司法等方面。

第二种是特别委员会。这是一种临时性的委员会，并不提出提案，主要是对某个问题进行调查，为国会提供情况。例如，2005 年众议院成立了"卡特历娜飓风特别调查委员会"，调查美国政府对于卡特历娜飓风的危害估计不足、准备不足以及灾后救灾不力的情况。该委员会在最终报告出笼以后完成了历史使命，于 2006 年初解散。

第三种是联合委员会。这是由两院共同组成的委员会，针对某些问题两院协同工作提出相关的提案。例如 2011 年成立的"缩减赤字特别联合委员会"（人们常称之为"超级委员会"）就是一例。美国国会 2011 年 8 月 2 日通过预算控制法。该法试图避免因美国的债务上限引起的债务违约。"超级委员会"在该提案下成立，试图提出一个两党能够接受的方案。

第四种是参众两院协商委员会。这也是一种临时性的委员会，主要是协调两院之间的争议。众议院和参议院的提案如果存在很大的分歧，参众两院就会成立一个协商委员会来解决两院之间的分歧。2011 年底，参众两院因减免个人所得税问题一致同意成立协商委员会来解决分歧。2012 年 2 月，参众两院同意将减免个人所得税的规定再延长 10 个月，以便减轻美国人民的经济压力渡过难关。

众议院还有一个非常重要的委员会，叫做条例委员会。众议院有 453 名议员，议员们对提案很少会一致通过。如果没有一定的规则，大家七嘴八舌没完没了地争论，议会将一事无成。因此，众议院条例委员会决定何时讨论提案，讨论多长时间和如何修改提案等等。

在过去，委员会主席有很大的权力。从 1910 年到 1970 年，委员会主席可以决定雇用委员会的助手、控制预算、成立和解散小组委员会、控制议案的日程、安排开会的时间和决定哪些报告可以送达全体议员。现在这些权力逐步向小组委员会和党内的领导层过渡。不过，委员会的主席仍是重要的职位。

要使各委员会正常工作，大量的助手是必须的。每位参议员可以有 16 名助手，每位众议员则有八名助手。国会还有几个重要的机构，如国会图书馆、会计总署和国会经费署等。整个国会雇用的工作人员达 26,000 人以上。这些人的薪水都是由联邦政府支付的。

从提案到最后成为法律，需要经过漫长和曲折的历程。首先，提案必须进入两院的议事日程，必须使议员们认同提案所涉及的事务是当务之急必须解决。如果一个提案不能进入国会的议事日程，该提案根本不可能成为法律。在这方面，总统拥有别人没有的特殊优势。总统竞选时，会提出施政纲领，提出当政后将解决的问题，通过媒体的宣传引起大家的注意，为日后在国会成为重要提案创造了条件。小布上台前力主减税，上台后，减税提案成为法律，使得美国人在数年中向国家少交不少银子。奥巴马上台前后力主改革美国的医保系统。2012 年，奥巴马的主张终于成为法律。该法会有助于改变美国目前医保的困境。

提案成为法律有很大难度的第二个原困是，根据宪法规定参众两院必须提出完全一致的提案。要做到这一点相当困难。这是因为，参众议员来自不同的地区，服务于不同的选民，利益和目标不尽相同。赞成提案者必须设法使提案在两院同时通过，而反对提案者只要在参院或者众院中的一个议院占了多数，就可以成功地阻止提案成为法律。真是成事者难，败事者易。

审批提案的步骤大致如下。议员向各自的议院提交提案。提案由工作人员命名，成为正式的提案。参议院的提案以 S 打头，因为参议院在英文中的第一个字母是 S。众议院的提案以 H 打头，因为众议院在英文中的第一个字母是 H。后面是一串数字，没有多大的意义，只是表示一个序号而已。提案有了编号后，将进入各议院相关的委员会和小组委员会，由它们进行审核。如果一个提案是关于能源方面的，该提案将自动进入能源委员会。在众议院中，如果一个提案涉及多个领域，众议院议长有权决定该提案进入哪个委员会讨论。别小瞧这一权力，有时候这一权力对于有些提案是生死攸关的。因为众院议长十分了解各委员会的情况，他清楚委员会的成员及其态度，深知哪些委员会对各提案的态度。把提案放入对该提案有敌意的委员会，无异于借他人之手扼杀提案。

提案进入小组委员会以后，提案的命运无外乎两种：得到重视或者被置之不理。大多数提案的命运是后者，能够通过第一关的提案并不多。为什么议员们明知山有虎偏向虎山行呢？明知提案根本不可能通过，甚至连小组委员会都通不过，为什么仍要提出提案呢？其实，许多提案的提出与其说是为了解决实际的问题，不如说是议员作作姿态。他们上交提案，可以向他们的选民有个交代。他们可以对选民们说，"我已经尽力了，可是那帮委员会家伙不同意，没办法。你们下次再选我，我还会争取努力的。"

如果小组委员会通过了提案，该提案将进入委员会的议事日程。委员会成员对提案进行讨论、修改和表决。对于参议院里的提案，如果委员会投票通过了提案，该提案将交由整个参议院讨论。而众议院的提案还有一道难关必须通过。这就是条例委员会。该委员会对每一个提案设立规定，规定提案何时进行讨论，如何讨论辩论，以及如何修改。有的提案可以不受限制地进行修改，有的提案则只能进行有限的修改，有的甚至不允许做任何修改。

提案进入议院讨论后，由于众议院对讨论和辩论的方式有规定，所以提案能够较快地进入表决阶段。但是参议院却没有那么简单。参议院里的参议员可以对提案进行修改，把自己的"私货"塞入提案。由于参议院没有条例委员会来规定如何讨论和辩论提案，反对提案的参议员可以用无休止的辩论[1]来抵制该提案的通过。

历史上无休止辩论最长的记录是由南卡罗来纳州参议员瑟蒙德[2]创造的。为了抵制1957年的民权法，他一口气讲了24小时18分钟。这位参议员从8月28日晚上8时54分开始，一直讲到第二天的晚上9时12分。他朗读独立宣言、人权法案、华盛顿总统的离职演说以及其他有名的历史文献。看来这位参议员的精力相当旺盛，20多个小时不停地说话，一般人未必能坚持下来。参议院有规定，发言人必须不停地说话，不

---

[1] 英文是 Filibuster，常译为无限制演讲或冗长辩论。这是一种议会中个人延长辩论以此阻挡提案通过的策略。有人音译为"费力把事拖"或"费理罢死他"非常形象。
[2] 斯特罗姆·瑟蒙德（Strom Thurmond，1902-2003），1947年-1951年任南卡罗来纳州长，1954年当选联邦参议员，是唯一一位曾在100岁在位的参议员。

能停下来休息，要不然一个人空占着讲台不下来，别人无法说话。但是如果一个人能不停地发言，别人无法将他拉下台。

除了瑟蒙德以外还有数位参议员如法炮制，连续发言 20 多个小时，试图抵制某些提案的通过。历史上还曾发生过多名参议员联合起来，用无休止辩论的办法抵制提案通过的事情。1964 的 3 月至 6 月间，民主党为了抵制人权法的通过，使参议院停止运转了 21 个星期。在这段时间里，这些参议员实在没有什么可读的了，只好在辩论会上朗读电话号码本，以此拖延时间。

无休止辩论看起来挺无聊，也很浪费时间。为什么美国的参议院会允许这种奇怪的作法呢。原来，这条规定是为了保护少数人。为了使少数人的利益和观点受到尊重，多数人不能轻易地以少数服从多数的原则而无视少数人的声音。参议院的多数派必须拥有 100 票中的 60 票才能阻止无休止辩论的发生。2013 年民主党控制的参议院通过法案，只要取得简单多数，不得对行政和司法官员（最高法院大法官除外）的任命进行无休止辩论。2017 年，共和党控制的参议院通过法案，只要取得简单多数，不得对最高法院的法官任命进行无休止的辩论。

提案在参众两院获得通过以后，将交到总统手里。如果总统签字同意，提案总算历经险阻终成法律。如果总统反对提案，他可以否决提案。提案仍将夭折。挽救被总统否决的提案不太容易。参众两院必须以三分二的票数通过反否决案。2007 年 11 月，小布什否决了国会通过的一项涉及 230 亿美元的水利工程提案，声称这一提案是财政上不负责任的表现。但是民主党联合了布什所属的共和党，对总统的否决进行反否决投票，结果在参议院中以 79 对 14，在众议院中以 361 对 54，成功地通过反否决案，使该提案成为法律。

　　总统否决提案还有一个办法，这就是"搁置否决"①。如果国会休会前的十天之内通过了提案，总统可以签字同意，使之成为法律，也可以束之高阁，采取拖延政策。总统有十天的时间对提案进行表态。国会一旦休会，不可能重新召集起来对总统的否决采取反否决行动。因此，国会通过的提案将会被扼杀在总统的口袋中。

　　从提案的通过情况，我们可以看到，国会的效率并不高，扯皮的事情很多。美国的百姓对此很不满意。人们希望国会的议员们能够意见统一，对提案能够全体一致通过，而不是争吵不休，从而能够高效率地解决国家面临的问题。

　　为什么这样的现象能够继续存在呢？议员代表着不同的人群，代表着不同的利益，截然不同的观点和冲突的利益使得这些议员不得不力争，又不得不妥协。正是这样的争吵、低效、妥协、力争而又放弃，才能维持自由和民主，这是代议制政府体制的特色之一。

　　美国政府的第二个机构是行政机构，以白宫为标志，以总统为其首脑。美国实行的是总统制，该体制里的政府首脑（即总统）和国会议员均由选民们选举产生。美国的总统既是国家元首，同时又是政府首脑，手中握有行政权力，可以发布行政命令而无需副署。除了有些重要的内阁任命需要通过参议院通过以外，政府的许多官员是由总统直接任命的。他们只对总统负责。

　　美国的行政机关和立法机关相互独立。立法机关里的参众议员不能兼任行政职务，行政机关里的政府官员也不能兼任参众议员。克林顿的妻子希拉里·克林顿担任奥巴马政府的国务卿时，必须辞去她的参议员职务。该体制的特点是，总统与国会的任期相对固定。总统无权解散国会，国会议员也不能通过

---

① Pocket veto，也译为"口袋否决"和"袋中否决"。

投票请总统下台。如果总统违宪的话，国会可以对总统提出弹劾案，交由最高法院审理。

相对于总统制，有些西方国家实行内阁制（如英国）。在这种体制中，国家元首和政府首脑是分开的，国家元首（如君主、总统和主席）通常是仪式性职务，不享有实际的行政权。行政中枢是政府内阁。政府首脑由议会产生，一般称为首相或总理，大多由议会中的多数党领袖担任。当议会内的席位发生变化，执政首相所属的党派不再是多数党以后，整个内阁必须辞职，由新的多数党组阁。内阁制中，立法机关与行政机关并不完全分立，议会是国家的权力中心。

内阁制还分为内阁君主立宪制和内阁共和制。君主立宪法制（如英国和日本）在保留君主的前提下，通过立宪树立人民主权，实行共和但不采取共和体制。国家元首通常由君主（如皇帝、国王和天皇）担任，实行终身制。英国的伊丽莎白女王从1952年加冕成为英国女王以来已经60多年了。她本人已经90多岁了，仍占着国家元首的位子，使得她的儿子查尔斯王储加冕的梦想一直遥遥无期。内阁共和制与内阁君主立宪制的主要区别在于国家元首。内阁共和制中，国家元首有一定的任期，不是终身制。国家元首经过民主选举产生，其地位与君主一样是虚位元首，没有什么实权。

当选美国总统必须符合以下几个条件：总统必须是出生在美国的美国公民，年龄满35岁，在美国居住的时间至少14年。以前对总统的任期没有明确规定，历史上曾出现过连任四届的罗斯福总统。后来美国人修改宪法，规定总统最多只能任两届。

美国的总统和副总统是由选举人团①选举产生的，并不是由选民直接选举产生的。选民们选出他们中意的选举人团，由选举人团投票选出总统和副总统。选举人团每个州为一个单位，

---

① Electoral college，也译为选举团。

每个州选举人团的票数取决于该州参众两院议员的人数。得克萨斯州 2010 年起有两名参议员和 36 名众议员，所以得克萨斯州的选举人团有 38 票。五十个州共有 535 票（435 众议员和 100 名参议员），加上首都华盛顿市所在地（哥伦比亚特区）拥有三票，一共是 538 票。候选人当选总统必须至少获得 270 票。

在计票时，除了两个州[①]，其他的州和地区均以"赢者通吃"的原则计票。换言之，获得相对多数的候选人将得到该州或该地区全部的选举人团票数。各州的民众选票数与选举人团票数未必一致，会出现民众选票数多的总统候选人没能当选的现象。2000 年大选时，民主党候选人戈尔获得了 48.4% 的选票，共和党候选人小布什获得了 47.9% 的选票。可是由于小布什得到了 271 张选举人团票险胜戈尔。历史上，美国还出现过三次这样的情况，1824 年、1876 年和 1888 年的大选中，选举人团票多的总统候选人得到的民众选票少于对手却当上总统。

按理说，美国总统应该通过选举产生。但是在美国的历史上曾出现过一位未经选举的总统。这就是 1974 年至 1977 期间的第 38 任总统福特先生。1973 年，尼克松的副手阿格纽副总统辞职了，福特被任命为副总统。刚担任副总统不到一年，尼克松因水门事件丑闻被迫辞职，福特接任了总统。这一特殊现象可以说是空前绝后。

美国的宪法还对总统发生意外时的情况加以规定。如果总统病故或遭暗杀身亡，接替人依次是：副总统，众议院主席，参议院临时主席[②]，国务卿，财政部长，国防部长，司法部长，内务部长，农业部长，商务部长，劳工部长，卫生及公共服务部长，住房及城市发展部长，运输部长，能源部长，教育部长和退伍军人事务部长。为了预防不测，总统和副总统以及政府

[①] 缅因州和内布拉斯加州。

[②] President pro tempore of the Senate.

26

官员参加国会的会议时，总是有一名部长特意缺席，以防被敌人一锅端，没有人接任总统，因为国家不可一日无主。

美国的总统拥有巨大的权力，包括三个部分。第一是行政权，作为政府首脑，总统行使行政权，统管政府的各部门。总统是武装部队的总司令，可以指挥三军。当然，具体的军事指挥是由美军的参谋长联席会议主席担任的。黑人上将鲍威尔[①]在担任小布什的国务卿之前曾担任过这一职务，具体指挥美国的三军。

总统还负责外交政策的制定，与其他国家缔结条约。总统有权发布行政命令。例如，2012 年 6 月奥巴马总统发布行政命令，宣布停止遣返部分年轻的非法入境者。受益人大多为西班牙裔人，深得西班牙裔选民的欢迎。这一行政命令有助于奥巴马在 2012 年大选中争取这部分人的选票。

总统还拥有宣布特赦命。尼克松总统因水门事件不得不辞职，接任的福特总统上台后干的第一件事，是特赦下台的尼克松总统。他认为水门事件对美国的政局造成了巨大的影响，美国应该尽快消除阴影走出困境。柯林顿总统即将离任时特赦了 140 人，其中包括美国司法部列为十大首要通辑犯之一，在逃 17 年的亿万富翁。当然，这样的特权也使总统付出代价。福特在寻求连任的竞选中败北，克林顿因特赦遭到国会的调查。

总统的第二部分权力是司法权。美国实行行政、司法和立法三权独立。但是总统可以通过提名最高法院的大法官影响司法系统。小布什在任期间，任命两位最高法院的大法官。特郎

[①] 克林・盧瑟・鮑威爾（Colin Luther Powell, 1937-），四星上将，曾任参谋长联席会议主席，國務卿等职，是美国历史上官位第二高的非裔美国人，僅次於歐巴馬总统。

普总统也任命两名。他们倾向保守，对今后数十年里最高法院的裁决将起巨大的作用，会决定今后美国的走向。

第三部分是立法权。美国的宪法规定总统不得自行提出提案，交由国会通过。因此，套用中国一句俗语说，"谋事在总统，成事在国会"非常形象。总统只能促进提案的出笼，但是不得越俎代庖。虽然如此，对于已经通过的提案，总统却有权加以否决。参众议员们历经千难万险通过的提案，可以被总统扼杀不能成为法律。

由于美国的经济和军事实力，大权在握的美国总统常被世人认为是世界上权力最大的人物。不过，虽然总统有很大的权力，总统会受到来自立法和司法机构的限制。总统有否决权，可是国会可以通过反否决，使总统的否决无效。总统如果违反法规，亦会受到调查。克林顿总统因与白宫实习生莱温斯基的绯闻，遭到国会的调查和弹劾，险些被赶下台。

美国政府的第三大机构是司法机构，即法院。英国、美国、澳洲和加拿大等国家属于英美法系，也称为普通法系[1]。普通法系的特点是，历史上累积起来的判例形成了法律。所以普通法又叫不成文法。这种慢慢累积而来的判例为后来的裁决提供了标准。法官的职责是把以前的判例找出来，对照目前面临的案件进行裁决。

与普通法系相对应的是大陆法系[2]。大陆指的是欧洲大陆，所以这一法系又称为欧陆法系，源于古罗马帝国的法律。大陆法系的特点是重视法典，强调法典必须完整，每一个法律范畴的细节都在法典里有明文规定。两大法系的区别简单地讲，是判例累积和详细法典的区别。

---

[1] Common law system，英美法系，普通法系。由于法律体系是一个学术概念，因此并没有绝对的划分标准

[2] Civil law system，大陆法系，欧陆法系。

美国的司法系统采用的是英国的普通法系，审判采用对抗制[①]，审判程序是一个揭露事实真相的过程。原告和被告的律师或法律代理人通过唇枪舌剑的争辩，将事实曝露于法庭之上。在这样的体制中，诉讼的胜负往往取决于律师的能力，有的时候罪犯由于有好的律师得以逃脱法律的惩罚。法官在整个审判中扮演了非常被动的角色，只是坚守法律，保证法庭的审判程序对双方公平合理。

与对抗制度相对应的是纠问制[②]，法庭和法官充当更积极的作用，法官参与事实真相的调查。对抗制的重点是裁决被告是否有罪，而纠问制的重点是发现谁犯了罪。纠问制的好处是，由于中立的法庭介入事实真相的调查，审判快得多，花费少一些。在对抗制下，庭审费时耗力，有的案子会拖上许多年不能了结。

对抗制的思想理念符合美国人的法律原则，即"疑罪从无"的原则。在对抗制中，被告只有在证明有罪时，才被认为有罪。但是在纠问制中，由于法庭介入调查，所以在审判前已经认定被告有罪，这是美国人不能接受的。尽管庭审花费的时间较长，法院的案件积压相当严重，美国人似乎不会转向，把他们的对抗制改为纠问制。

美国的司法机构主要分为联邦法院系统和地方（主要是州）法院系统。联邦法院系统包括联邦地区法院，联邦上诉法院和联邦最高法院。联邦地区法院共有 94 个，每一个州至少有一个联邦地区法院。联邦上诉法院共有 13 个，主要处理数州内的联邦地区法院送来的上诉案件。联邦最高法院只有一个，负责联邦上诉法院审理后仍坚持上诉的案件。

[①] Adversarial system，也译为对抗审判制度、抗辩制。

[②] Inquisitorial system，也译为纠问审判制、侦审制、讯问制。

司法机构拥有的司法权主要体现在解释法律和裁决案件是否违法。法院的另一个重要权力是裁决立法是否违宪。例如，加利福尼亚州 2000 年的公决中，有 61%的选民认为加州只承认男女之间的婚姻。2008 年 5 月，加州的最高法院裁定公决违反了加州的宪法。2008 年 11 月，加州的选民针锋相对，修改州宪法，明确规定加州只承认男女之间的婚姻，拒绝承认同性婚姻。2010 年 8 月，美国的联邦地区法院裁决，加州的民众无权禁止同性婚姻，因此加州新宪法违反美国宪法。

联邦法院大法官的任命需要经过总统提名和参议院批准。联邦法院的法官实行终身制，只要不犯法，他们可以一直干到自己想退休为止。这样的安排有利于保证司法独立性。法官可以不受制于任何政府机构和政府官员。联邦最高法院的大法官共有九名大法官组成。目前的最高院有一名黑人大法官，三名女大法官。最高院大法官的任命令人瞩目，往往成为全美国关心的焦点。因为大法官的理念将影响今后数十年里的案件的裁决，所以斗争非常激烈。

1991 年 7 月，黑人大法官托马斯①受到老布什总统提名，接任最高法院大法官。在参议员听证会上，一位女律师指控他曾对她进行过性骚扰。无独有偶，特郎普提名的卡瓦诺②也遭指控在多年前性侵一名女子。在共和党的全力保护下，托马斯和卡瓦诺最终获得了大法官的任命。两位事业有成的女性，能够敢于在全国百姓的注视下，挺身出来抖落这些丑事，需要巨大的勇气，剑拔弩张的情景令人难忘。

2010 年时，联邦地区法官的年薪约 17 万美元，联邦上诉法官的年薪约 18 万美元，联邦大法官的年薪约 21 万美元，联

---

① 克莱伦斯•托马斯（Clarence Thomas，1948- ），美国法学家，最高法院大法官。
② 布雷特•卡瓦诺（Brett Kavanaugh，1965-），最高法院大法官。

邦首席大法官的年薪稍高一些，约 22 万美元。如果业余从事教学工作，他们每年的额外收入不得超过 21,000 美元。

各州也有一套司法系统。主要有初级法院，上诉法院和州最高法院。州的法院系统与联邦的法院系统并不是上下级关系。联邦的地区法院不是州初级法院的上级。联邦上诉法院也不是州上诉法院的上级。联邦最高法院稍有不同，不仅接受对联邦上诉法院审判不服而继续上诉的案件，也接受对州最高法院审判不服而上诉的案件。所以一个案件如果起始于州内法院，那么这一案件主要经过州里的各层法院。如果一个案件起始于联邦法院，该案件将经由各层联邦法院进行审理。当然，如果案件一直上诉的话，最后的终点会是联邦最高法院。

州里的法官一般是经过选举产生的。如果因故临时出现空缺，州长可以提名经过州参议院批准任命一位法官，等任期满了以后，再通过选举产生。

司法机构与行政机构和立法机构比起来，对国家的影响要小一些。不过，司法机构的影响是长期的，虽然不是立竿见影，但是多年后会见到效果。2000 年大选时，因佛罗里达州选票清点存在争议，小布什和戈尔僵持不下，最高法院做出有利于小布什的裁决。这一裁决多多少少受到大法官党派的影响。数年前共和党总统的提名，经过多年后终于起点作用。有分析人士认为，目前的最高法院中，保守派占据多数，这一构成将对今后数十年的美国人民的生活起到无可估量的影响。

驴象前世①

美国的政坛主要由民主党和共和党交替把持着。对于这一情况，中国的普通百姓应该说是比较了解的。不过对于两个党的历史，它们是怎么演变过来的，知道的人就不一定很多。

美国在建国初期存在着激烈的争论，争论的焦点是关于中央政府的权力问题。到底是应该集权还是放权，两派意见不能统一，因此分为"联邦派"和"地方派"。地方派成立了一个党，叫做民主共和党②，以杰斐逊等人为首。由于对 1824 年的大选结果③不满，民主共和党分裂了，分成民主党和国家共和党，后者很快变为辉格党④。辉格党倡导国会立法权应该高于总统内阁的权力。关于辉格党的名称，有两种说法，一种说法是，该名称与英国的辉格党无关。而另一种说法则认为，当时该党取名辉格是仿效英国反对英国王室君主专权的辉格党。美国的辉格党产生了四名总统。但是辉格党的寿命并不长。很快被其他政党取代了。

1854 年，因为反对奴隶制，一个新的政党诞生了，这就是共和党。从此，美国政坛上形成了由民主党与共和党双雄逐鹿

---

① 驴代指民主党，象代指共和党。这一说法来自于 1874 年的一幅漫画。以后两党将驴和象作为各自的党徽。

② 民主共和党，Democratic-Republican Party。

③ 1824 年总统选举有四名候选人，没有一个人的票数过半。安德鲁斯·杰克逊得票最多，约翰·亚当斯得票第二。众议院却决定让得票第二的亚当斯继任总统。杰克逊及其支持者愤而成立了民主党，为杰克逊竞选下一届总统造势。亚当斯及其支持者则成立了国家共和党。

④ 辉格党，Whig Party。

的局面。内战以后，美国逐步形成北部和西部是共和党天下，而南部是民主党天下的局面。在国家层面上来说，共和党似乎比民主党略胜一筹。

1929年，美国遭遇了经济大萧条。民主党的罗斯福[①]于1932年提出"新政"作为施政纲领。在国家层面上，共和党的优势被打破，民主党取而代之。支持罗斯福新政的是蓝领的工人阶级和农民等下层民众。此后，民主党在总统位子上霸占了20年之久。

上世纪六十年代中期，民主党的约翰逊[②]总统上台后推行平权法，而共和党转而主张扩大地方权力，标志着两党政策的微妙变化。由于这一变化，两党的支持者和追随者开始重新洗牌。过去一直支持共和党的黑人和少数族裔开始背弃共和党转而支持民主党。过去支持民主党的工商业主却转向了共和党。曾几何时，南方是民主党的大本营，现在却逐步成为共和党的老巢。而东北部、中西部及沿海两岸的共和党天下，却逐步沦为民主党的地盘。

美国人的党籍很有个性。中国人习惯于严格的党籍制度。每一个党员，无论是共产党、国民党，还是民主派人士的政党，总会有申请表和入党手续存档备案。可是在美国，民主党也好，共和党也好，根本没有入党手续。是否是民主党、共和党或者其他小党成员，全凭自己说了算。

作为一名普通百姓，今天可以宣称自己属于民主党，明天也可以说自己是共和党。这次选举把选票投给共和党，下一次选举觉得民主党顺眼，就将选票投给民主党。而身为要员的政

[①] 富兰克林·德拉诺·罗斯福（Franklin Delano Roosevelt，1882-1945），第32任美國總統，曾連續出任四屆美國總統。

[②] 林登·贝恩斯·约翰逊（Lyndon Baines Johnson，1908-1973），美国第36任总统和第35任副总统。

客和名人，也时常发生转党事件。据统计，仅从上世纪五十年代算起，美国的联邦参众两院至少有 15 名议员"叛变投敌"。有的叛党事件对美国的政局造成了不可估量的影响。

2001 年 5 月间发生的杰福兹[①]转党事件沉重地打击了以小布什以首的共和党。2000 年的大选中，小布什险胜民主党候选人戈尔，登上了总统宝座。共和党在同一年的选举中继续保持在联邦众议院的优势。由于共和党在联邦参议院失去了四个席位，两党均力敌平分秋色，各占了半数席位（即 50 对 50）。美国的宪法规定，当两党在联邦参议院中不分胜负时，平时没有发言权的联邦参议院主席（即副总统）可以投下至关重要的一票，所以实际上共和党在联邦参议院中也处于优势。

对于共和党来说，这是多少年来罕见的大好时机。他们把持了联邦参众两院，总统又是自己人，所以共和党可以轻而易举地实现其施政纲领。正当小布什与共和党踌躇满志，力争减税计划通过的关键时刻，半路杀出了个程咬金。由于共和党的其他参议员和小布什总统对杰福兹参议员的呼声充耳不闻，杰福兹一气之下宣布退出共和党，成为独立党员[②]，但是在组织上与民主党同步。这样一来，共和党在联邦参议院的优势顷刻间土崩瓦解，使得共和党一时难展宏图。共和党人痛骂这位参议员是"背后捅了共和党一刀"。这一事件开创了美国有史以来政党不通过选举而获得议院多数党地位的先例。

杰福兹的转党事件是由于理念和政治观点的原因造成的。但是还有一些转党是受个人选情驱使的。民主党联邦参议员利

[①] 詹姆斯•杰福兹(James Merrill Jeffords，1934)曾任佛蒙特州的联邦参议员，1966 年开始从政，2007 年退休，曾是老牌的共和党人。

[②] 即不属于任何政党。

伯曼①曾是 2000 年民主党副总统候选人，是美国有史以来第一位获得这一殊荣的犹太人。可是不幸的是，他在 2006 年的民主党初选中，败给了他的本党同事。为了能够获得连任，利伯曼只好宣布自己为自由的民主党人，以第三党候选人的身份参加大选。结果他赢了，继任联邦参议员。尽管民主党的选民并不待见他，这位参议员并没有背弃民主党，上任后基本与民主党保持一致。

由于美国的政党没有严格的党籍制度，政党的组织比较松散，不可能有"党支部建立在连上"的现象。当然，为了维持政党的正常运作，尤其是为了竞选，各政党有相应的组织机构。在这一系统中，地方和州的党组织有很大的自主权，它们虽然隶属于全国委员会，但是没有听命的义务。权力分布更多的是自下而上，而不是自上而下。个人与党组织不同步，市县的党组织与州的党组织各唱各的调，州的党组织与全国的党组织意见相左不是稀罕事。专家把这一现象叫做"片断型②"党组织。

各政党都有全国委员会。它们的成员选自各州，有主席、副主席、书记和筹款主席等职位。全国委员会在全国代表大会闭会期间负责处理日常事务，其主要工作是围绕候选人，如训练候选人和为选举筹款等等。

第二层组织是国会竞选委员会，负责为本党候选人竞选联邦参众议员筹款。该委员会与全国委员会常常会闹别扭，因为它们的工作范畴有相同之处，所以它们会争夺地盘、争夺资源。

第三层组织是党的州委员会。该委员会的主要任务是帮助本党的候选人竞选本州内州一级的职位。

---

① 乔·利伯曼(Joseph Isadore "Joe" Lieberman，1942-)，犹太人，联邦参议员，2000 年大选时为民主党副总统候选人。
② 片断型党组织 Fragmented party organization。

第四个层次是县及县以下的委员会。这些委员会一般都是临时组织起来的，没有常驻代表。往往在选举前几个月临时拼凑起来。工作人员都是义工，没有什么薪水。

共和党与民主党存在着很大的差别。一言蔽之，民主党倾向于自由派，而共和党倾向于保守派。自由派指的是主张政府尽量少管或不管，有点"无为而治"的味道。保守派指的是力主政府应该从严管理、严加约束。当然，自由和保守是相对的，要看在哪些方面。在个人生活和社会管理方面，民主党主张政府少管或不管。如堕胎、同性恋、安乐死和女性平权问题上，民主党主张政府应放手，让百姓自己做主。在堕胎问题，他们提出"我的肚子我做主"的主张。想想也是，一个人不想生孩子关别人什么屁事，为什么要政府来指手画脚、说三道四。而共和党却并不认同这样的想法。他们尤其反对堕胎和同性恋。他们宣称，人的生命从精子与卵子结合的那一刻即已开始，堕胎就是谋杀。他们坚信，上帝造人是让男女结为夫妻，同性恋有违道德，有违上帝的旨意。所以政府不仅应该管，而且应该严格管理，现在市风日下，是因为政府管得不得力。在个人生活和社会秩序方面，共和党唯一反对政府干预的对于枪械的限制。因为，这样的限制对制枪业极为不利。

在经济方面，民主党倒是保守派，他们认为政府应该承担帮助穷人的重任，尤其是社会保险和医疗保险。政府还应该对环境保护实行强有力的措施，靠资本家自律基本上没戏。共和党站在工商业主的立场上反对政府的干预。小布什提出让个人来管理社会保险，建议国家把社保的部分钱发给个人，让个人去投资股市。这一招有很大的冒险性。如果个人投资不利，把钱玩完了怎么办，毕竟不是每个人都精于投资的。炒股失败赔点钱没有什么，如果把退休金赔完了，那就惨了。对于环保，共和党从公司的利益出发加以反对，因为这样做会增加生产成本，公司的利益会受到不利的影响。

民主党与共和党的观点针锋相对，立场相距甚远，美国的政坛充满着火药味。和谐的社会依靠各方的妥协，虽然各党内部存在着许多思想极端的人们，但是当选总统的，一般都是党内的温和派，过于极端的人物是不能让处于中间立场的百姓接受的。中间派在许多情况下举足轻重，决定着政坛的走向。在两党的初选中，抱有极端思想的候选人容易在本党内胜出，但是在大选中却容易落败。2008 年大选，共和党候选人麦凯恩[①]在本党的初选中胜出。大选中，他本可以有胜出的机会。不幸的是，他选中了比他更极端的原阿拉斯加州的美女州长佩林[②]。这一糗招使得许多中间派民众转向民主党的奥巴马，导致了麦凯恩的失败。当然，近几年来，情况有所改变，特朗普的上台就是一例。

政党的不同立场和施政纲领吸引不同阶层的民众。民主党对于工人阶级、下层社会的成员、少数族裔、妇女和年青人更有吸引力。而共和党对于上流阶层、工商业主、白人和信教的人士更有吸引力。从数量上看，民主党拥有更多的民众。但是这些民众处于底层社会，由于经济等方面的原因，对政治不感兴趣，对选举的积极性不高，所以民主党未必是共和党的对手。只有更多的下层民众挺身出来支持民主党，民主党才能战胜对手。每次选举，民主党的核心任务是动员更多的黑人、少数族裔、穷人和年青人出来参与选举。

[①] 約翰·席德尼·麥凱恩三世（John Sidney McCain III, 1936-），共和黨重量級人物，亞利桑那州聯邦參議員，曾於 2008 年參選過美國總統。
[②] 莎拉·露易絲·希思·佩林（Sarah Louise Heath Palin, 1964-），曾任阿拉斯加州州长，2008 年参选美国副总统。

在竞选中，两党的一个共同的重要任务是物色竞选人。有的职位不乏竞争者，如总统、联邦参议员和州长等。有时一个职位参选的候选人不下十多个。2012年共和党争夺总统候选人的人数达到十多人。但是全国各级政府有众多的职位，要找到足够的竞争者并非易事。有的对手太强大，有意竞选的人士常常心有余而力不足，所以鲜有挑战者。

竞选的第一关是党内的初选。直到上世纪六十年代末期，党内候选人的安排是由党内的代表说了算的。这样的体系有一个弊病。由这些党内代表指定的候选人未必得到本党内选民的支持。党内初选把这一过程公开化民主化，更为公平一些。

初选有两种。第一种叫做开放式初选。这一形式的初选比较宽松，在选举当天由选民自报家门，愿意参加共和党初选的，就加入共和党的选举，愿意参加民主党初选的，就加入民主党的选举。开放式初选存在的问题是，对方党的成员会介入影响本党的初选。曾有人出过馊主意，让本党的成员故意加入对方党的初选，使他们选出较弱的候选人，这样本党的候选人容易胜出。2012年共和党初选时，共和党候选人桑托罗姆曾暗示密执安州的民主党人参加共和党的初选并投他的票。这一举措遭到对手的炮轰。第二种叫做封闭式初选。选民必须事先登记党派，然后才能参加党内的选举。外人不得参加党内的选举。大多数州采用这一方式进行党内初选。

党内初选的局面可以用群雄逐鹿来形容。竞选人多的时候一个位子可以有十多人竞争。选票不够集中是常有的事。为了保证本党推出的候选人有竞争力，如果初选中没有一个人票数过半，党内举行第二轮决选。本党选民们在得票最多的两名候选人中再一次选择，选出合适的人进入大选。

美国的选举定在双数年，即0、2、4、6和8年举行。闰年是选举总统的年份，所以称为总统年，习惯上人们称为"大选"。其他的双数年称为非总统年，习惯上称为"中期选举"。为了避免与选举总统撞车，得克萨斯州的州级官员的选举放在中期选举进行。总的来说，大选年参加选举的人数多一些，中期选举投票率低一些。

对比欧洲国家的多党制，美国的两党制有哪些特点呢？两党制可以保持一个比较稳定的政局。总统上台组阁后可以平稳运行四年。虽然有时会发生一些意外（如总统遇刺，部长辞职等），但是不会发生整个内阁集体下台的情况。缺点是由于只有两党竞争，所以政局缺乏活力，变化不大、改革困难。

在美国的历史中，不乏第三党的挑战。远的不说，近年来第三党的挑战已经相当程度地冲击了两党独霸天下的政局。如1992和1996年的独立候选人佩罗[①]，2000年的独立候选人纳德[②]。佩罗在1992年的大选里无形中分散了共和党人老布什的票源，为克林顿的上台起了助力作用。而纳德则分散了民主党人戈尔的选票，某种意义上说帮了小布什的忙。但是美国的政坛没有第三党壮大的空间。尽管目前美国存在着多个小党派（如美国独立党、自由党、改革党和绿党等），但是它们不可能挑战共和党与民主党的地位。

这种情况是由美国的选举制所决定的。美国采取的是赢者通吃的制度，而不像许多欧洲国家那样采用比例制。第三党的候选人一般只能得到5%左右的选票。要想凭借这么一点选票在美国成气候是不可能的。虽然有的小地区会选出一两位第三党的候选人，从全国角度看，第三党想胜出基本没辙。其次，美国的选举法规定，候选人必须拥有一定人数的签名，或者该党

[①] 罗斯•佩罗（Henry Ross Perot, 1930-2019），大商人，亿万富翁，1992年和1996年以第三党人身份竞选美国总统。
[②] 拉夫尔•纳德（Ralph Nader, 1934-），美国政治活动家，作家，律师，多次以第三党或独立派人士竞选总统。

在上次选举中得到至少 5%的票数，大选的选票上才会印上候选人的名字。第三党的候选人可能连这一关都过不了。

1992 年，独立候选人佩罗获得了 1,974 万多张选票，约占总数的 19%，成为史上最成功的第三党候选人。1980 年另一位第三党人候选人曾获得约 572 万张选票，约占总数的 7%。一般情况下，第三党候选人仅能获得 1%到 5%的选票。美国的第三党还有很长的路要走，按中国人的套话，是"任重而道远"。

选权往事

对美国比较关心的中国人都知道：美国的少数族裔（主要指黑人和拉丁裔）是民主党的坚定支持者，上世纪六十年代发生在美国的平权运动为美国的黑人赢得了权益，使黑人的社会地位有了很大的改观。然而翻开历史，我们会发现长期以来民主党并不是黑人的盟友，而黑人的平权运动也不是到上世纪六十代才开始的。

在美国，白人欺压黑人由来已久。十七世纪初，美国因急需大批劳动力，开始输入黑奴。黑人被当作会说话的工具，是主人的财产。黑人的身份是奴隶，没有自由，更谈不上公民的权力。黑奴为南方的经济发展奠定了基础。这是美国原始资本积累的源泉之一。

从十八世纪下半叶开始，北方的一些州相继开始承认黑人的公民权并给予黑人选举权，如特拉华州、马里兰州、新罕布什尔州、纽约州、宾夕法尼亚州和马萨诸塞州。有个别地区甚至出现黑人当选的现象。但是在全国范围内，黑人的公民权力遇到了阻力。1857 年，最高法院以"建国先驱没有意图使黑人成为公民"为由，拒绝黑人的公民权[①]。有不少白人同情黑人，坚决反对奴隶制，为达此目的他们成立共和党。1856 年的共和党施政纲领一共有九条，其中六条是关于废除奴隶制和黑人公民权的问题。而民主党在同年的施政纲领中公开叫嚷，取消奴隶制将危及人民的幸福和国家的稳定。

[①] 最高法院关于德雷德·斯考特诉桑福德案（Dred Scott v. Sanford 1857）的裁决。

41

到了美国内战前夕，南方的黑奴达到近 400 万人，南方以外的自由黑奴达到近 50 万人。虽然全美有如此多的黑人，而且不少黑人已经是自由人，但是他们中间的许多人仍然无法享受公民权。内战的爆发有众多的原因，南北方在奴隶制问题上的分歧是其中之一。奴隶制的废存之争主要是由于经济的原因。南方的经济比较落后，以农业为主，所以依赖奴隶制。而北方是新兴的工业区，需要大量的自由劳动力。

当共和党人林肯总统入主白宫后，南方各州开始闹分裂，试图脱离美国另起炉灶，内战爆发了。内战期间，林肯总统于 1863 年颁布《解放黑奴宣言》。美国内战结束前夕，共和党控制的联邦参众两院分别于 1864 年和 1865 年通过禁止黑奴提案，并在内战结束后的 1865 年 12 月开始实施新法律。

但是南方的各州相继通过一系列《黑人条款》①旨在维持黑人二等公民的社会地位。美国的宪法规定，如果有人造反，或者因公共安全需要，这些人的公民权是可以被剥夺的。南方的白人因为武装反叛犯了叛国罪，理论上说是可以判处死刑的。虽然南方的反叛者获得大赦，但是他们必须宣誓效忠美利坚合众国，否则不能恢复公民权。南方的不少白人因此没有获得公民权，无法参与投票选举。

1870 年，国会通过法律②，规定美国的男性公民享有选举权。男性黑人正式获得公民选举权。南方黑人的状况开始改变，黑人可以有选举权和被选举权，有的黑人有幸当选，巩固了共和党的统治地位。共和党在黑人的支持下，夺得南方的天下。

然而，好景不长。南方的白人开始以暴力反击。臭名昭著的三 K 党对黑人进行残害，阻挠黑人地位的改变。不久，民主党卷土重来，重新夺得全国的统治地位。失去共和党保护的黑

① Black codes，也译为《黑人法典》。
② 即第 15 条人权法修正案。

人很快被剥夺选举权。由于法律规定一个人的公民权不得因为种族、肤色和过去是否是奴隶而取消，民主党想出许多别的办法来限制黑人行使选举权。

这些办法包括人头税、文化水平测试、祖父条款、严格的选举程序、种族隔离、对黑人不利的选区划分、只准白人参加党内初选、威胁恫吓、重新制定州法和增加投票资格难度等等。人头税条款规定，只有上缴人头税的选民才有选举权。尽管税额并不高，对于穷苦的黑人来说，人头税是一个巨大的经济负担。文化水平测试对于黑人就更加困难了。文化测试明显针对黑人，只对那些祖父在 1867 年前不被允许投票的人有效。黑人在 1867 年前没有选举权，所以如果黑人没有文化就甭想投票。而白人文盲则因为他们的祖父以前有投票权，不在此项限制之列。

这些规定就是臭名昭著的《吉姆·克劳法》[①]。精明的民主党人通过该法绕开人种和肤色问题，通过间接的办法剥夺黑人的选举权。此招非常有效，黑人的投票率直线下降。民主党不仅重新占领了南方各州，而且将自己的对手打得只有招架之势而无还手之力。

对于黑人的压迫，少数民主党的领导人并不认同。1932 年，罗斯福竞选总统时，在他的施政纲领中微妙地倾向于黑人，但是又不公开地得罪民主党内的种族主义者。他的继任杜鲁门[②]总统则旗帜鲜明地公开支持黑人的权力。杜鲁门因此与南方的民主党人严重失和，南方民主党人甚至推举出自己的代表竞选总统，与杜鲁门分庭抗礼。

[①] Jim Crow Laws，也译为杰姆·克劳法，泛指 1976 年到 1965 间美国南部及边境各州对有色人种（主要是黑人）进行种族歧视和种族隔离的法律。
[②] 哈利·杜鲁门(Harry S. Truman，1884-1972)，美国第三十三任总统。

对黑人极为不利的是，《吉姆·克劳法》还包括种族隔离。南方许多州规定黑人在车船、旅馆和饭店不得与白人同座，黑人不得与白人同校学习。1896 年，美国最高法院对《普莱西诉弗格森案》①的裁决对黑人来说是致命的。最高法院认为"种族隔离并不意味着种族不平等"，南方等州的种族隔离堂而皇之地受到法律的保护。

面对困境，黑人内部出现两种不同的意见。温和派认为，鉴于当前的形势，黑人可以暂时放弃政治上和社会上的平等权益，集中力量争取在经济上成功。这样做可以不那么咄咄逼人，更容易成功一些。而激进派并不认同这一作法。他们主张积极行动，寻找战机主动出击。他们的首要目标是高院的"隔离但平等"的裁决。他们从教育系统入手，选中人们不太注意的法学院。当时美国没有专供黑人学习的法学院，一位黑人想进入法学院深造，却面临着无校可上的尴尬境地。这一事件使最高法院开始认同黑人们的抱怨：隔离就是不平等。

到上世纪的五十年代，形势对黑人越来越有利。黑人们开始向教育战线上的种族隔离政策发出最后的冲击。1954 年，在经历了 58 年之后，最高法院终于委婉地裁决，教育界实行种族隔离违宪②。1957 年 9 月，阿肯色州小石城发生的事件引起了世人的注意。该州州长动用国民警卫队的兵力阻挠九位黑人学生进入白人学校。时任总统艾森豪威尔③不得不派出 1,000

---

① 普莱西诉弗格森案(Plessy v. Ferguson，1896)。普莱西有八分之一的黑人血统，常被认为是白人。一次，当他在路易斯安那州坐火车时，有人赶他到黑人区，他拒绝并被逮捕。他把官司一直打到最高法院。

② 1954 年最高法院对布朗诉教育局案（Brown v Board of Education）的裁决。

③ 怀特·大衛·艾森豪威尔（Dwight David Eisenhower，1890-1969），美國陸軍五星上將，第 34 任总统。第二次世界大戰期間，他擔任盟軍在歐洲的最高指揮官。

人的军队来保护这些黑人学生。美国舆论的天平终于开始倾向黑人。1955 年 12 月，黑人妇女派克[①]拒绝在公交车上给白人让位的事件从另一条战线掀起波澜。黑人人权领袖马丁·路德·金[②]等开始领导黑人的平权运动拉开了序幕。1963 年 8 月马丁·路德·金发表举世闻名的"我有一个梦"的演说，将非暴力人权运动推向新的高潮。

真正实现黑人的平等权力需要在法律上保证黑人的公民权力，选举权是重要的一个环节。1965 年国会通过的《选举权法》[③]终于打破了坚冰。该法是标志性法律，在美国众多的法律中具有重要的地位。该法试图消除在选举方面歧视黑人和少数族裔的做法。任何州和地区不得对公民选举附加任何资格审查条件和限制手续，不得以种族和肤色为借口剥夺公民的选举权力。为达此目的，该法授予联邦政府很大的权力，监督各州严格执行这一法律。

该法的第二款规定说，任何有关选举的法律和规定的变化，必须得到联邦司法部或华盛顿联邦地区法院三人法官的同意。各州或地区必须证明这些变化没有歧视少数族裔，将不会对少数族裔造成不利的影响。这一手续叫做预先核准[④]。

第五款规定则说，举证的责任方在州或地区。各州或地区如果通过某条与选举有关的法律，或者制定与选举有关的规定，

[①] 罗莎·派克(Rosa Louise McCauley Parks，1913-2005)，黑人人权活动家，美国国会称之为"人权第一夫人"，"自由运动之母"。

[②] 马丁·路德·金(Martin Luther King, Jr.，1929-1968)，牧师，美國民權運動領袖，因采用非暴力推动美国的民权进步而为世瞩目，因此获得 1964 年諾貝爾和平獎。1968 年，金被白人优越主义者刺杀身亡。1983 年美国设立马丁·路德·金纪念日，联邦法定假日。

[③] 选举权法，The Voting Rights Act of 1965。

[④] 预先核准，Preclearance。

该州或地区必须拿出证据，证明这些规定和法律是公平的，没有歧视少数族裔。

该法律主要针对南方的几个州，如阿拉巴马州、阿拉斯加州、亚利桑那州、乔治亚州、路易斯安那州、密西西比州、南卡罗来纳州和得克萨斯州等。这些州长期以来歧视少数族裔，该法通过四次重新生效。1982年的重新生效将该法中的第二条款永久化。2006年，小布什总统签署最近的一次重新生效，该法将继续有效25年直至2031年。

黑人和少数族裔不仅在选举权方面受到歧视，而且在其他方面如教育和就业方面也长期受到歧视。随着平权运动的深入，少数族裔在各方面的待遇得到了改善。尤其是1961年约翰逊总统签署的平权行政命令，开了反歧视的先河。平权行政命令的宗旨是让少数族裔受到特别的照顾。例如在升学和就业方面，黑人和少数族裔的人可以降低条件录取，使得少数族裔受益非浅。不过该措施也有副作用，对于那些本来非常优秀的少数族裔人士来说，该措施对他们造成不利影响。因为，旁人会以为他们的成功是由于"特别照顾"，而不是真才实学。

黑人长期以来所受的种族歧视有两种形式。第一种是法律上的歧视。虽然美国从开国以来存在着不少歧视黑人的法律，但是通过黑人和富有正义感和同情感的白人的努力，这些法律被逐条废除。第二种歧视是实际生活中的歧视。这种歧视不像法律歧视那样白纸黑字地写在条文中。这种歧视更多的是受传统、习惯和习俗的影响，因此不像法律歧视那样容易消除。黑人以及少数族裔要走的路还很长。

黑人和少数族裔所受的歧视可以说是众所周知的。不过，美国妇女们（尤其是白人妇女）所受的不公正待遇可能鲜为人知，至少不像黑人和少数族裔那样引人注目。其实美国妇女所受的歧视并不亚于黑人和少数族裔，在有些方面，甚至有过之而无不及。

也许是受基督教的影响，西方人曾经笃信"男主外女主内"的信条。使徒保罗曾说过："你们作丈夫的，要爱你们的妻子；正如基督爱教会，为教会舍己。你们作妻子的，当顺服自己的丈夫，如同顺服主。"

"妻子要顺服丈夫"一语道出过去西方社会里妇女地位的秘密。到十九世纪末，美国的一位参议员还大言不惭地说，不能给妇女投票权，因为她们有更重要的任务。而这个所谓的更重要的任务是守在家里相夫教子围着锅台转。

美国妇女在十九世纪初期的政治和经济地位，并不比黑奴好到哪儿去。按照当时的法律，女人一旦结婚，她的法律身份就与她的丈夫合并。这意味着，作妻子的将失去法律身份。妇女结婚以后不能作为合法的一方与他人签订合同，不能以独立的身份打官司，不能继承遗产，不能挣钱，离婚后没有子女监护权，不能主动提出离婚。如果她的丈夫不是美国公民，她将失去美国公民的身份。如果丈夫去世前没有留下遗嘱，她将不能继承任何财产。即使到了现在，尽管美国妇女的社会地位有了根本的改观，但是她们结婚后大多仍随丈夫姓，足见当时法律的巨大影响。

既然妇女结婚会失去如此多的权力，不结婚是否可以免俗呢。回答是未必。因为，当时的社会对妇女大门紧闭，妇女没有多少就业机会。穷苦妇女只能在家庭服务业和纺织业中寻求生机，受过一些教育的女性多半担任护理和教师工作。这些工作的社会地位低下工资微薄，男人们不屑一顾。妇女们打破男人们的垄断面临着极大的困难。直到1849年，美国才出现第一位获得医学学位的女士。1851年这位拥有医学学位的女士自己开业，却没有多少病人光顾她的诊所。到 1869 年，美国才出现第一位女律师。

美国妇女的平权运动可以追溯到 1848 年在纽约的塞尼卡瀑布村①召开的妇女权力大会。大会通过宣言，呼吁妇女的财产权、受高等教育权、离婚后的子女监护权和妇女选举权。纽约是个比较开放的地区，所以妇女平权运动取得一定的成效。可是其他地区依然如故，没有多大的进展。

长期以来，妇女平权运动与黑奴平权运动肩并肩地共同战斗着，因为妇女平权人士以为，妇女可以与黑奴同时获得解放。让人始料不及的是，当国会通过提案给予男性黑奴选举权时，竟然把女性排除在外（包括白人妇女）。从此，妇女平权运动和黑人平权动动分道扬镳。南方的一些妇女平权运动人士甚至叫嚷，给妇女选举权可以抵消黑人的选票。

妇女平权运动在策略问题上也分为两派。一派是激进派，主张进行全面改革，主张在进行争取妇女选举权的斗争中同时争取消除招工时的性别歧视、改善工作环境和改变离婚法律等等。另一派比较温和，主张首先集中力量进行温和而又实际的州选举法改革。

解放黑奴具有经济意义，所以得到许多白人（尤其是北方的白人）的支持，在全国范围内有广泛的基础。但是妇女的平权运动并没有这一得天独厚的条件，所以支持者并不多，没有全国性的基础，迫使妇女的平权运动另辟蹊径。由于美国各州的传统和文化不尽相同，联邦政府给予各州很大的自主权，各州有权决定妇女是否拥有选举权。妇女平权运动从同情妇女的州开始，逐步推向全国。怀俄明州地处西部新拓地区，由于妇

---

① 塞尼卡瀑布村(Seneca Falls, New York)位于纽约州的塞尼卡县境内。2000年人口普查时，人口有近 7,000 人。该村于 1831 建立，2011 年解散。

女在社会中不可取代的作用，该州是第一个给予妇女选举权的州。经过努力，给予妇女选举权的州逐渐增多。

1914 年，部分妇女运动人士开始围在白宫门前抗议。妇女们在选举中反对总统所属的民主党，导致一半以上的民主党人士在妇女有选举权的州内竞选失利。这些成果大大地鼓舞了妇女平权人士，也震慑了那些反对妇女平权的政客。到 1917 年，威尔逊[①]总统开始支持妇女选举权。全美妇女选举权协会抓住有利时机，争取国会通过妇女选举权提案。该年年末，众议院通过提案，参议院以两票之差未能通过。

全美的妇女行动起来，矛头专门对准那些反对妇女平权运动的议员们，使得他们纷纷落选。这一招挺损但却有巨大的杀伤力。1919 年，著名的《苏珊·安东尼修正案》[②]，即第十九条人权修正案终于在参众两院通过，经过总统批准和各州的同意于 1920 年成为正式的法律，明确规定，美国公民投票的权力不得因性别加以拒绝。妇女的平权运动终于告一段落。

当然，取得选举权并不意味着真正的权力平等。尽管黑人和妇女拥有了选举权，由于各种原因，许多黑人和妇女并没有积极地运用手中的投票权。直到近年，黑人和妇女参加选举和投入政治运动的人数才有明显的增长。

[①] 托马斯·伍德罗·威尔逊（Thomas Woodrow Wilson，1856-1924），美国第 28 任总统，曾任过普林斯顿大学校长，新泽西州州长等职。
[②] 《苏珊·安东尼修正案》(The Susan B Anthony Amendment)。

得州今昔

　　得克萨斯州(常简称为"得州")是美国的十个大州之一。在十个大州中，得州与加利福尼亚州和纽约州并称三大超级大州。得州以其人口、占地面积、生产总值和都市化规模在美国排前三名。在政治方面，得州也毫不逊色。该州曾出过三位总统，约翰逊、老布什和小布什。如果加上在得州出生的艾森豪威尔总统，可以算是出过四位总统。得州并入美国版图时，美国已经存在了近70年。如果从得州加入美国开始算起的话，得州人选为总统的人数只亚于纽约州和俄亥俄州，与加州并列第三。

　　得州曾经属于墨西哥，归西班牙管辖。1821年，墨西哥获得独立，得克萨斯与墨西哥的科阿韦拉①暂时合为一州。由于两地的居民使用的语言不同，信奉的宗教不同，对奴隶制的态度不同，彼此产生了敌意。更重要的是，得克萨斯人明显受压，他们在议会中只有两名代表，权益受到侵害。

　　得克萨斯人主要来自周边的美国各州，对美国更有认同感，所以得克萨斯人在1836年宣布脱离墨西哥，成为独立的国家。墨西哥自然不能答应得克萨斯的分裂主义行径，派兵镇压得克萨斯人。于是双方在1835年开了战。

　　开始时，得克萨斯人节节败退溃不成军。但是到了第二年，勇敢的得克萨斯人在休斯顿市附近的一片树林中成功地伏击墨

---

① 科阿韋拉州（Coahuila）是墨西哥的一個州，位於墨西哥的北部，州名源于当地的原住民 Coahuilteca 部落。在墨西哥獨立時，與得克薩斯州同為一州，稱為 Coahuila y Tejas。

西哥总统亲自率领的部队，并且生擒这位趾高气扬的总统。成
为阶下囚的墨西哥总统不得不与得克萨斯人签下丧权辱国的条
约。条约规定，墨西哥从得克萨斯无条件撤兵，尽管当时墨西
哥军队在人数上占绝对优势，完全可以把得克萨斯的军队彻底
消失。该条约还承认得克萨斯独立，为得克萨斯共和国此后加
入美国铺平道路。条约还规定墨西哥割让大片领土。

被俘总统回国后反悔了，不承认城下之约。得克萨斯共和
国也无力派军队去保护在条约上从墨西哥手中夺来的地盘。墨
西哥于 1842 年派兵占领得克萨斯的重镇圣安东尼奥市。得克
萨斯人自知孤军奋战肯定不敌强大的墨西哥军队，因此酝酿加
入美国，依靠美国来与墨西哥抗衡。1845 年，得克萨斯正式加
入美国，成为美国的第 28 个州。墨西哥很是不爽，立即与美
国断绝外交关系。

次年，美墨战争爆发。战争打了一年半，结果以墨西哥惨
败而告终。墨西哥不得不对美国俯首称臣割让土地。不过美国
人没有白拿这些土地，而是花 1,800 万美元作为交易。从此得
克萨斯州与墨西哥以城下之约的界线相邻，不再发生领土的纷
争。

得克萨斯州原本在其西部还有一大片土地。后来也加入美
国的新墨西哥州与得州发生领土纠纷。好在两个州同属于美国
（新墨西哥州当时正在酝酿加入美国），所以联邦政府出面调
解，以 1,000 万美元的代价，使得州做出让步。因为得州当时
缺钱，无力偿还战争债务。

有不少人以为，如果有朝一日得克萨斯州的公民决定退出
美国的话，该州可以成为独立的共和国而自立于世界。其实，
这是一种误解。得克萨斯共和国自从加入美国以后，已经失去
退出的自由。1997 年，得州有几个分裂主义分子打官司，试图

谋求得州独立未能成功。后来这些人走极端，企图用暴力解决问题，触犯法律最终进了监狱。

得克萨斯州州政府参照联邦政府也有三大机构，即立法机构、行政机构和司法机构。得州的立法机构实行两院制，有参众两个议院组成。美国的50个州里，有49个州实行两院制，只有内布拉斯加州采用单院制。得州参议院有31位议员，众议院有150位议员。州参议员必须年满26岁，在得州居住满五年，在本地区居住满一年。州众议员须年满21岁，在本州居住满两年，在本地区居住满一年。按照得州的年龄要求，朝鲜的金正恩可能连州议员都当不上，不要说国家领导人了。对参众议员当选附加居住年限的条件是防止"空降"官员和议员的出现。一个从来没有在本地居住过，对本地区一点儿也不了解的官员和议员是不可能真心代表当地百姓的。

州参议员的任期是四年，州众议员的任期只有两年。州议会每两年开一次大会，每次开会时间不超过140天。如有特殊情况，州长可以提议召开特别会议。

州议员们的薪水并不多，每年只有7,200美元。议会开会期间议员可以得到一些有限的出差补助。州议员们靠这点薪水是养不活一家老小的。这些议员都是有其他工作的，当议员是他们的副业。他们的大多数是律师和工商界人士，一般不缺钱花。得州议员的薪水是全美最低的。2000年，曾有人提议试图为议员加薪，结果得州的百姓楞是不同意。

关于议员的薪水，美国宪法第二十七条修正案有明确的规定。国会如果通过提案为议员们加薪，必须等到议员重新选举后才能实施。换句话说，如果本届的国会议员批准给议员加薪，他们在本届当任期间享受不到这一好处。他们只能为下一届议员做嫁衣裳。麦迪逊于1787年向国会提出了上述提案。由于没有得到大多数州的支持，提案被搁置下来，这一等就是近200年。

1982年，得州大学的一位本科生在他的学期论文里写道，这一提案仍然有效，如果能够得到大多数州的批准的话，该提案仍然可以成为法律。任课的教授不同意这位学生的观点，他的学期论文只得个 C。学生不服气，开始了一场一个人的战斗。他向各州的议会发信，要求它们批准麦迪逊在近200年前提出的提案。经过近十年的努力，1992年，也就是在最初的提案提出 203 年以后，国会终于通过该项提案。总统薪水的增加也有类似的规定。克林顿总统签署为总统增加薪水的提案，从年薪20万美元增加到40万美元。可是克林顿本人却不能享受，要等到下一届总统才能享受。这样做是为了防止议员和官员为自己谋私利。

提到政府工作人员的工资，有必要提一件发生在得州的趣事。2009年，得州的一家报纸要求州政府公开全州近68万公务员的薪水。根据得州的法律，公民们有权知道这一信息。报纸连篇累牍不厌其烦地把所有的公务员的薪水登在报纸上，而且还把数据放在网上不断更新，以便民众查询。市长的最高薪水是 30 多万美元，大学主教练的最高年薪约为 527 万美元，大学教授的最高年薪为 120 多万美元，州长的年薪是 15 万美元，但是他的处长的年薪有的却有 19 多万美元。

州的参众两院开会是公开的，普通百姓可以参加。议会厅的结构很特别，议员们由正门进出，座位分党派排列，民主党议员在一侧，共和党议员在另一侧。在议员座位的上方设有观众席，有点象高级戏院里的包厢，观众们从另一个门出入，可以自由地旁听议会的讨论，观察议员的投票。当然，观众必须保持肃静，不得影响议员们的工作。有的时候，抗议人士大声吵闹，高呼反对口号。遇到这种情况，保安人员会出来制止，不听劝告者会被强行带出会场。

节假日和议会闭会期间，议会会址成了免费的旅游景点，常有旅行社带着来自各地的游人参观。议会厅里最吸引人的是挂在墙上的议员照片。这是一个非常严肃庄重和充满政治的场所。但是令人想不到的是，墙壁上竟然会有议员们儿孙满堂的照片。从恶意的角度说，这样的安排意味着政治不仅涉及议员本人还牵涉家人。从善意的角度讲，这样的安排充满人情味，给刀光见影的议会带来平和的气氛。

州议会不仅负责通过提案制定州的法律，还有一个重要的功能，即对行政机关进行监督。例如监督州内的行政机关是否正常运行，审批州政府的预算，审批人事任免和行政机构的改革。政改机构有一个令人生畏的名称，叫做"落日委员会"。顾名思义，如果行政机构没能通过该委员会的审查，意味着该机构的末日已到，该是关、停、并、转的时候了。该委员会依次对州一级的各个部门进行审查，一般来说，每个机构约12年轮到一次这样的审查。接受审查时，单位的大大小小头脑异常紧张，因为自己掌管的部门是否能够继续存在，全凭该委员会的一句话。

得州的最高行政官员是州长。州长必须年满30岁，在选举前必须在得州居住满五年。州长可以任命州务卿、卫生和公共服务署长、保险管理部长、教育部长和商业部长等州级官员。这些官员只对州长负责，州长有权撤换他们。当然他们的任命需要得到州参议院的批准。

副州长是第二号人物，兼任州参议院主席。这一点有些像联邦政府的副总统。有意思的是，得州的副州长与州长并不捆绑在一起进行竞选。很有可能州长属于一个党，而副州长属于另一个党。例如，小布什刚当上得州州长时，与他同时当选的副州长是位民主党人士。

州级官员中还有不少部长是由民众直接选举产生的，例如，司法部长、土地署署长、财务署长、农业署长和铁路署长等。他们不受州长和副州长的约束，尤其是当他们属于不同党派的时候。这些官员只对选民负责，干得好不好由选民们说了算。州级官员的任期为四年可以连任。有人提出应该设置任期上限，不能老让一个人霸着位子不下来。州级官员的选举放在中期选举年，为避免与选举总统的大选年同时进行。

州的下一级单位是县。得州共有 254 个县，是全美最多的。与得州并称超级大州的纽约州和加州只有 57 个县。在得州，县的平均人口约 10 万人，最大的县有 400 多万人，最小的县只有 82 人。有一些小县只有几百人。有一半县的人口在两万以下，有四分之三县的人口在五万以下。

县里的最高行政长官是"县法官"。职位的叫法有点问题，因为事实上县法官不需要有法学背景的人士担任，与法律没有多大关系。与县法官共同执掌县大权的是法院委员会，一般由四人组成，实质上是县的立法机构。县法官和县法院委员都是通过选举产生，任期四年，主要任务是确定收税的税率，制定县的预算，安排县的人事任命等。对于大多数县来说，这些工作有点业余性质。可以想象，一个只有几百人或几千人的县，不会有太多的事务需要处理。

县里的警察和警察局长也是由民众选出。这些官员需要一定的专业背景。如果被选上的警察和警察局长没有从事过警察工作，他们必须通过一定的专业训练，因为警察是执法人员，必须有专业知识。在人口超过 21 万的县里，警察和警察局长是由县长任命的。

县里还选出法官和检察官。他们只处理民事诉讼案件。县的其他民选官员包括书记官、税务官、财务官和审计官。书记官专门管理县里的档案和选举事务(如清点核实选票)。县里所有的民选官员的任期均为四年可以连任。

县的下一级政府是市。当然县和市的从属关系有的时候并不明朗。有的大城市虽然地处某个县的境内,但是市长比县长的权力大得多。县长不插手市的事务。州和市的关系也是如此。例如纽约市地处纽约州,但是纽约市长的影响和权力并不小于纽约州州长。

美国的宪法里没有提及城市,因为定立宪法时还没有都市化,所以市政府的权力由州里确定。得州共有 1,214 个大小城市。人口最多的城市是休斯敦,有 200 多万人。第二大城市是圣安东尼奥,有 132 多万。人口最少的城市只有 19 人。得州四分之一的城市人口约在 600 人左右,一半以上的城市人口不足 2,000 人。超过两万人口的城市只有一成多一点。

在得州,一个地区要成为城市必须经过一定的手续。如果一个社区的民众认为有必要组建一个城市,他们可以自行组建市并且到县里备案。此后,该社区就成为市了。正是由于手续并不复杂,才会出现只有十多人的城市。其实,有的社区人口相当多,完全可以组建为市,但是当地的居民不同意,仍然以社区的面目存在。

处在大城市附近的社区面临着可能被邻居并吞的危险。如得州首府奥斯汀市附近有个叫做"C 环"的社区。这是一个比较富裕的地区,始建于 1983 年。区内有 4,000 多户人家,有高尔夫球场、网球场、游泳池、消防队。区内还有方圆两平方公里的绿地。这里风景迷人环境优雅,是个富人聚集的地方。由于富人成堆,该地区的房地产税收入相当高,社区有足够的资金维护小区的环境。

1997年奥斯汀市逆着该区居民的意愿，强行将其并入该市。经过司法和立法的较量，小区不敌大市，最终成为奥斯汀市的一部分。由于上缴的房地产税由奥斯汀市统一分配，该小区的维护再也不如往常，房价受到影响，富人们的财产缩水。而奥斯汀市却因为得到这片富裕的社区，获得额外的税收来源。

市政府的形式一般有三种模式。第一种是"市长和委员会"型，该模式来自英国，适合于小城市。市长通过全市范围的选举产生。委员们可以是全市范围内选举产生，也可以分地区产生。有的市既有全市范围产生的委员，也有分地区选出的委员。

第二种模式是"委员会和经理"型。这一模式在得州比较常见。首先由民众选出市委员会。市长由委员会在委员们中推举产生。城市的实际操作由委员会聘请专门人才进行。这一点很像大公司，市委员会与董事会相似，聘请的专才相当于总经理。

第三种模式是"委员会"型。整个城市的运作由委员会来完成。这种模式在得州不多见，只有少数城市如休斯顿附近的加尔维斯敦市采用。

县、市政府的财政来源（包括公立学校）主要来自对房地产的税收。美国人中约有一半左右的人并不拥有房地产，他们住在缴纳租金的公寓里。公寓租金与税收密切相关，房租的价格取决于房贷利率、房地产税率和维护费用。房租收入如果不能支付房贷按揭、房地产税和日常维护费用，房东会资不抵债，搞不好会破产。

得州的法律有两条规定，要求政府官员离职以后，在一定的时间内，不得利用任职期间所获得的知识、情况和人缘关系进入非政府部门（如私营企业）为其效力。该条规定是针对委员会成员和执行官的。这些人必须经过两年的等待，才能加盟非政府单位。第二条规定涉及的范围更广一些。只要原来的政府雇员年薪超过 37,000 美元，如果雇员曾参与某一事务的调查、审核和审批，该雇员不得在离开政府部门后，为其他单位从事与其原来职位有关的工作。在美国以权谋私困难一些，但是利用在职时的关系和知识谋私却是可能的。该规定的目的是把这一漏洞堵上。还有些官员对手下的工作人员定出特别的规定。例如，得州众院议长对手下的工作人员提出要求，如果私营单位的工作与目前的工作有联系的话，他们必须等待一年以后才能为私营单位工作。

得州的司法机构有好几个层次。最低层的法院设于乡镇，管理权有限，一般处理民事纠纷。县级法院也只是处理民事纠纷，比乡镇法院管理权限稍大一些。州的地区法院是州级法院中的最低层法院，有些州地区法院只处理民事纠纷，有的则只处理刑事案。州地区法院的上一级法院是州上诉法院，处理不服州地区法院裁决而上诉的民事和刑事案件。在得州州内，民事案件的最高法院是州最高法院，刑事案件的最高法院是州刑事上诉法院。

得州的各级法院的法官是通过选举产生的。当然，能当选成为法官的，都是有法律专业背景的人士，当过律师是最基本的条件之一。在得州，律师与人口的比率是 1:330。这就是说，每 330 个人就有一名律师。美国人爱打官司是出了名的，邻里间的矛盾也会告到法院。这样的机制有一个优点，百姓间吵骂和打架少一些，要吵我们到法庭上去吵。由于法官是经过选举产生的，所以他们对选民们负责，受政府的影响相对要小一些。

纵观得州的历史，我们会发现得州长期以来一直是一党独占天下。得州刚独立时还没有政党。民主党在十九世纪五十年代开始在得州建党，一直掌控着得州的政坛，直到内战结束南方被北方打败。作为战胜方，北方势力迅速进入得州，共和党开始取代民主党独占得州的天下。共和党的支持者是黑人和内战中反对分裂的白人。

1868年大选中，共和党人当选州长。由于南方普遍存在着仇视黑人的情绪和对黑人使用暴力，这位州长不得不使用民兵和警察来稳定局势。维稳过程中的强硬措施使得共和党的名誉大损。1872年大选以民主党胜利告终。从此共和党在得州几乎销声匿迹。民主党一党天下的局面一直维持到上世纪的五十年代。由于缺乏党与党之间的竞争，民主党懒得发动群众健全党组织，所以一党天下几乎成了无党天下。反正大家都是民主党，有没有组织无所谓。这一状况是造成两党组织涣散的历史根源。

上世纪三十年代的大萧条促使得州进入两党竞争的时代。罗斯福总统的新政犹如导火索，引发民主党内部的斗争。民主党开始分化。保守派痛恨工人在工会的组织下与业主抗争，痛恨民权运动，企图让穷人增加负税，而让富人少缴税。自由派则同情下层百姓，为穷苦民众争得权益。两派的界线越来越分明，在民主党的初选中，竞选主要围绕两派的人物进行。

得州民主党内的保守派与全美的民主党貌合神离，对罗斯福新政的经济政策与平权运动颇为反感。1948年，当杜鲁门总统在民主党全国大会上力促平权运动，将此作为本党施政纲领时，得州与南方几个州的民主党代表团竟然愤而退出大会，另外推举他人作为总统候选人参选。

1952年，共和党人艾森豪威尔竞选总统，得州的民主党临阵倒戈，支持共和党总统候选人。艾森豪威尔在得州和南方数州民主党人的支持下顺利当选并且得以连任。史学家把在总统选举中投共和党票，而在地方选举中投民主党票的民主党人叫做"总统共和党人①"。事实上，这些保守的民主党人最终背弃

---

① 总统共和党人 Presidential Republicans。

59

民主党投向共和党怀抱，成为名副其实的共和党人。直到上世纪七十年代，得州民主党中的保守派一直在州内占了上风。

然而，正当民主党内部的保守派和自由派进行较量时，共和党的势力悄然兴起。1962年，趁着民主党内部的混乱，得州的共和党人夺得一个联邦参议员的席位。这是得州100多年来的第一次。而他的当选多亏了民主党的自由派，因为民主党保守派的候选人实在不能让他们接受，他们宁可投票给共和党人也不愿把票投给本党的同事。

到了上世纪九十年代，得州民主党内部的保守派越来越不能与全国的民主党保持政治上的一致，那些曾经是民主党中坚的石油大亨、农场主和公司总裁等众多的富翁们以及教会的牧师开始公开转党，成为共和党人。1992年，得州选出一名共和党的女联邦参议员，1994年，共和党的小布什当选州长。只是到了此时，得州才开始两党的竞争，选民们才有选择的机会，在民主党和共和党之间抉择。共和党一发不可收拾，于1996年成为州参议院的多数党。1998年，州级民选官员的职位尽收共和党囊中。此后共和党又取得州众议院多数党地位，得州成为共和党的天下。

政党为了能在竞选中取胜，理应有严密的组织。可是得州没有党员登记制度，无论民主党还是共和党都无法确切地知道本党有多少党员。政党的成员可以大致有三个组成部分。

第一部分是参加选举时自报家门的选民。两党在党内初选中决出候选人参加大选。参加本党初选的选民需要登记才能投票。这就为党组织追踪自己的党员创造了条件，党组织可以进一步发展志愿者，动员更多的人支持本党。

第二部分是当选的议员和官员。这些人是由本党推荐或任命得以当选的，他们的党籍归属应该是明确的。议员和官员在议会和执政过程中的政治态度在大多数情况下与本党的路线保持一致，是党的中坚力量。例如，在美国国会对提案的投票表决常常以政党划线，经常发生民主党一致同意而共和党一致反对，或者民主党一致反对而共和党一致同意的情况。据统计，国会中 70%的情况下本党的党员与党的路线保持一致。不过，由于得州的政党组织历来比较松散，所以议员和官员们各唱各的调的情况相当严重。根据一位政治学家的分析，得州的州级官员的党性最差，州长推行的政策和施政纲领经常得不到本党议员和官员的支持，州长有的时候只好与对立党的议员和官员结成联盟，使自己的施政计划得以实现。

政党成员的第三部分是党的竞选机构及其工作人员。竞选机构又分为临时机构和永久机构。临时机构指的是党的代表大会，如选区代表大会、县代表大会和州代表大会等。这些代表大会的中心任务是帮助本党的候选人竞选。为了维持日常的党务工作，两党还设有永久机构，处理党代会闭会期间的事务。选区一级的负责人是选区主席，县级的负责人是县主席。

州一级的领导机关是党的州行政委员会。这一委员会由 64人组成，每个州参议员选区选出两名委员，一名男士和一名女士。党的代表大会选出州的党正副主席，任期两年。委员会的中心工作是加强党的团结，争取竞选的胜利。

划分选区

上世纪九十年代中期，得克萨斯州奥斯汀市有一位华人参加竞选一个区的公用事业委员会委员的职位。候选人有七、八名，当选的名额是三名。这位华人有一些铁杆支持者，所以他踌躇满志、志在必得。选举当日，这位华人在投票点做最后的拉票。一位同时参选的白人候选人向他打招呼，希望这位华人的支持者也投他的票，因为每位选民可以选三位候选人。这位华人同意了。没有想到是，正是这一举措导致这位华人的败选。选举结果出来了。这位华人以四票之差输给了那位白人。如果这位华人的支持者采取只投一票给他的策略，没有把票投给他人，这位华人是可以当选的。事后，这位华人懊悔不已。

上世纪八十年代，国内举行了一场观众评选越剧新秀的比赛，选出十名最佳越剧演员。观众可以在一张选票上选十名自己最喜欢的越剧演员。越剧演员大多是女士鲜有男士。即使有，由于越剧本身的原因，男演员一般不如女演员唱得好。参选的演员中有一位男士唱得挺好，受到了观众的青睐。观众们虽然对于其他参选的女演员看法不一，但是普遍认为他可以算是十佳之一（当然不是第一）。结果这位男演员以最高票当选最佳越剧演员。难怪这位男演员当选后说，"这个奖是捞得来的。""捞"在上海话里是"拣"的意思。公平地说，他说的是句大实话。他做梦也没有想到会获得第一名。

进行选举需要投票。投票方法对候选人是否当选至关重要。不同的投票方法，会造成完全不同的选举结果。上面举的两个例子说明了投票方法的重要性。我们在这里介绍几种不同的投票方法。

当只有一个空缺席位时，问题相对简单一些，谁得票最多谁当选。当没有一个候选人的得票超过半数时，有两种办法应对这一情况。第一种办法是，不管票数是否过半，得票最多者当选，陈水扁 2000 年当选台湾总统就是一例。这样的办法有一个缺点：当选人未必是选民最想选出的人。当选人往往是渔翁得利。陈水扁上台归功于连战和宋楚瑜的自相残杀。第二种办法是进行决选。选民们再进行一次投票，从得票最多的两位候选人中选出一位当选者。这样的方法可以保证被选出的候选人在选民中享有最高的支持率。用老百姓的话说，矮子里面拔出最高的将军。美国各党的初选采用的是这一投票方法。美国选举曾出现过抽签决定胜负的事情。有一次在一个小地区进行选举，清点选票后，两位候选人的得票正好相等，只好以抽签的方式决定谁当选。那位败选的候选人无奈地对媒体说，"没法子，这是天意。"

如果有多个空缺席位，问题变得复杂了。相应的办法有几种。第一种是比例代表制。譬如，现在有 100 个席位，有三个党参加竞选，分别获得 45%、30% 和 25% 的选票。三个党瓜分的席位为 45 席、30 席和 25 席。

第二种是简单全票制。本章开头的两个例子属于这一类型。我们来分析这种选举方法。例如我们有四名候选人竞争两个空缺的席位，选民们在每张选票上可以最多选择两名候选人。当选者是得票最多的两名候选人。为了使自己中意的候选人当选，聪明的选民们在选票上只选一名候选人，而不是两名。譬如，有一个地区共有 1,000 名选民，其中有 400 人是候选人张三的铁杆支持者，他们在选票上只选张三。下面是选举结果：

选民	张三	李四	王五	赵六
只选张三（400）	400			
选李四和王五（280）		280	280	
选李四和赵六（220）		220		220
选王五和赵六（100）			100	100
合计 1,000	**400**	**500**	380	320

合计票数是粗体字者为胜选者。张三和李四当选。张三有铁杆支持者，得到 400 张选票。其他的三位候选人由于选民的意见不集中，分散了选票只有李四胜出。本章开头提到的那位华人的败选与王五和赵六相似。如果同时投票给李四和王五的 280 名选民只投王五的票，那么当选的是王五而不是李四。见下表：

选民	张三	李四	王五	赵六
只选张三（400）	400			
只选王五（280）			280	
选李四和赵六（220）		220		220
选王五和赵六（100）			100	100
合计 1,000	**400**	220	**380**	320

这样的选举方法有一个问题，我们举例子来说明。一个地区共有 1,000 选民，白人选民占了 60%，黑人选民占了 40%。白人和黑人各推出三名候选人竞争三个席位，选举结果会是怎样呢。在这里我们假定选民支持与自己同肤色的候选人。按理说，黑人应该至少得到一个席位。我们来看以下出现的选举结果：

	白人候选人			黑人候选人		
	A	B	C	D	E	F
白人选民 600	600	600	600			
黑人选民 400				400	400	400
获得选票	**600**	**600**	**600**	400	400	400

　　根据得票最多者当选的原则，三名白人候选人毫无悬念地当选，白人大胜。这样的选举结果对于黑人很不公平，尽管他们拥有 40% 的选民，却一个席位也没有获得。

　　改变这一情况的办法是在该地区内分三个小区，从每个小区中选出一位候选人。在三个小区中，特意设立一个黑人区。这样可以确保黑人能够选出一位他们的代表。美国联邦众议员和州内参众议员的选举基本采用这一选举方法。那么如何划分小区呢？假如我们把 1,000 人的大区划成三个小区，第一个小区有 500 人，其他两个小区各有 250 人。这样的分区是否公平呢？

　　这里需要提及划区的一个重要原则，即"一人一票"原则。该原则强调，每一位选民投下的一票应该有相同的"份量"。一个位卑言微的草民和一名一言九鼎的高官投下的选票具有相同的作用。不能因为某个选民的官位高，一张选票可以抵别人的两张选票。用这一原则来分析上面的小区分法就会发现，一个小区有 500 人和另外两个小区各有 250 人的分法存在着问题。因为，第一小区的人比另外两个小区的人显得"贬值"了。500 人只能推选出一位代表为他们说话，而另外两个小区的500 人却能推选出两位代表为他们说话。第一小区的两个人只抵得上其他小区的一个人。所以如何划分选区，从而体现"一人一票"的原则，在选举中占有重要的地位。

　　我们先来了解美国联邦众议员的席位是如何分配给各州的。建国初期，联邦众议员总数只有 65 名。1787 年，国会定了一条法律，规定至少三万人选一名众议员。不足三万人的州给一个名额，以保证每个州至少有一名众议员。后来，众议员人数不断增加，到了 1941 年，国会确定众议员的人数为 435，以后不再增加。按美国目前的人口，平均每位众议员代表了 70 多万人而不是建国当初的三万人。

　　按照"一人一票"的原则，众议员名额应该按照各州人口平均分配。各州的人口在不断地变化。美国每十年进行一次人口普查。每次人口普查后，联邦众议员的名额需要重新分配，各州的众议员席会有增有减。除了少数几个人口较少的州只能分配一个名额以外，大多数州会有多个名额。按照州的人口分配席位会出现小数，如 2.1、7.4 和 50.9。如何处理整数后面的小数呢？代表作为人不能分割，所以小数点后面的数字要么进位，要么舍去，别无其他选择。但是如何进位和如何舍去却很有争议。计算方法的选择，既是数学问题又是政治问题。美国历史上采用了四种方法来解决小数点后面的数字问题。我们用以下例子来说明这些计算方法。

表 6.1 四种方法的席位分配结果

州	人口	席位			
		等比例	杰斐逊	四舍五入	最大余数
A	5,280	1	1	1(1)	1 (1)
B	34,970	4	3	3(3)	4 (3)
C	134,800	13	13	13(13)	13(14)
D	504,950	50	50	50(51)	50(51)
总计	680,000	68	67[①]	67(68)	68(69)

我们假设有四个州，总人口为 680,000，众议院席位为 68
席，平均每 10,000 人分配一个席位。由于宪法规定，每个州
至少应有一个席位，尽管 A 州只有 5,280 人，必须分配一个席
位。

杰斐逊提出干脆去除小数只看整数的做法。按照这一方法，
3.01 和 3.99 所获得的席位都是 3。这样的做法会影响总席位
数。如表 6.1 中所示，总席位不是 68 而是 67。美国在建国初
期，即 1790 年到 1830 年期间，众议院席位的分配采用的是这
一方法，因为当时众议院的总席位没有固定下来。这一方法后
来遭到批评，缺点是对小州不公平。

1840 年、1910 年和 1930 年，分配席位的方法采用四舍五
入法，由韦伯斯特[②]于 1832 年提出，常叫做韦伯斯特法。1840
年时，总席位没有事先固定，是在计算后确定的。到了 1910
年和 1930 年，总席位已经事先确定，采用移动除数的办法。
我们用上面的例子来说明具体的计算方法。因为每个席位的代
表人口是 10,000，我们先用此数来除各州人口，得到 67 个席
位。这是 1840 年的分配方案。到了 1910 和 1930 年，总席位

[①] 杰斐逊法事先不限定总席位数。
[②] 丹尼尔·韦伯斯特（Daniel Webster，1782-1852），美国政治家，曾担任
过联邦参议员，国务卿。

数已经固定，为了分配多余的一个席位，我们试用 9,999 作为除数。结果 D 州的小数点后的小数大于 0.5，所以 D 州获得另一个席位，总共为 51 个席位。括号中的数字是 1910 和 1930 年席位的分配情况。

从 1850 年到 1900 年，众议院席位分配采用最大余数法。这是由汉密尔顿[①]和文登[②]提出的，也叫做文登法或汉密尔顿-文登法。当用每个席位的代表人数作为除数去除各州人数后，整数部分毫无疑问的是应得的席位，如果分配完整数席位后仍有多余的席位时，把各州的小数部分按大小依次排列，有最大小数的州将获得一席，如果还有剩余的席位，依次分配给有第二个最大小数的州，直至席位分配完毕。

不过，这一分配方法有时会遇到麻烦。人们发现，有的时候当总席位增加时，有的小州反而会丢失席位。如表 6.1 中最大余数法括号中的数字所示，当总席位从 68 增加到 69 时，B 州的席位反而从 4 变成了 3。这就是有名的阿拉巴马悖论[③]。1880 年时，人们发现如果众议院的席位从 299 增至 300 时，阿拉巴马州反而会比 299 席时少一个席位。

从 1940 年到现在，分配众议院席位采用的是等比例法[④]，由哈佛大学数学教授亨廷顿[⑤]于 1921 年提出。该方法基于几何平均数法[⑥]，用几何平均数作为取舍点，大于此数向前进一位，

[①] 亚历山大·汉密尔顿(Alexander Hamilton，1755 或 1757-1804) 开国元勋，经济学家、政治家和哲学家。

[②] 萨缪尔·文登 Samuel Finley Vinton (1792-1862) 曾数次担任联邦众议员。

[③] 阿拉巴马悖论 Alabama paradox。

[④] 等比例法 Equal proportions method。

[⑤] 爱德华·亨廷顿(Edward Vermilye Huntington，1874-1952)，数学家。

[⑥] 几何平均数法 Geometric mean，即 $\sqrt{n(n+1)}$。1 和 2 的几何平均数是 1.414，10 和 11 的几何平均数为 11.489。

小于此数舍去小数部分不进位。例如，2010 年得州人口为 25, 268, 418，明尼苏达州为 5, 314, 879，北卡罗来纳州为 9, 565, 781。当三个州的人口数除以 71, 000（每一席位代表选民人数的近似值）时，商数分别是 7.486、13.473 和 35.551。它们的几何平均数分别是 7.483，13.491 和 35.496。所以明尼苏达州和得克萨斯州进一位分别得到 8 和 36 个席位。因为 13.473 小于 13.491，北卡罗来纳州的分配席位数不进位，只得到 13 个席位。当然，人口普查局采用的是另一种更简便的计算方法，此处不赘。这样的分配法有利于人数少的州。当一个州得到的席位越多，再增加席位的难度就越大。等比例法也倍受诟病，不过从目前的形势看，似乎没有迹象表明，近期会有新的计算方法取代等比例法。

以上的四种方法中，杰斐逊法和最大余数法已经退出人们的视线，争论的焦点在四舍五入法和等比例法上。那么两者之间的区别在哪儿呢？我们从公民代表率的角度来分析一下两种方法的差别。公民代表率通常表示每一万公民有多少名代表。在上面的例子中，按等比例分配法，B 州有 4 个席位，每万人有 1.144 名代表，D 州有 50 个席位，每万人有 0.990 名代表。两个州的代表率之间差别，绝对值为 0.154，相对值为 15.5%。如果按四舍五入分配法，B 州有 3 个席位，每万人有 0.858 名代表，D 州有 51 个席位，每万人有 1.010 名代表。两州代表率之间差别，绝对值为 0.152，相对值为 17.7%。可以看出，等比例法代表率差别的相对值较小，四舍五入法代表率差别的绝对值较小。两种方法的基点不同各有利弊。目前来看，差别的相对值较小更受人们的青睐。

虽然联邦政府在分配给各州联邦众议员席位时遵循"一人一票"的原则，但是当议席分配到州里以后，如何选出联邦众议员由各州自行掌握。1842 年以后，国会立法规定不采取全票制的方式选举联邦众议员，而采用分小区进行选举。如果一个州可以选出一名以上的联邦众议员，该州必须分成多个地区，从各个地区选出联邦众议员，而不是通过全州范围选举，由选民在一张选票上同时选出多名议员。

1862 年开始国会要求选区必须由相邻区域组成。举一个中国人比较熟悉的例子来说明这一要求。如果以江苏为中心划区的话，我们可以把江苏周围的省市，如上海、安徽、浙江和山东连在一起成为一个选区。但是如果把远在华南的广东和远在东北的辽宁隔空划为一个区就不太合理。划区时还需要照顾到习惯。仍以江苏为例，通常人们把江苏和上海一带叫做华东地区，所以把华东一带的七个省市划为一个区比较合理。

1872 年国会开始要求各选区人口相等。可是到 1929 年，新的议席分配法却删除了这些规定。各州在划分联邦众议员选区中贯彻"一人一票"的原则出现偏差。1962 年，最高法院对贝克诉卡尔一案①的裁决纠正了这些偏差。贝克是田纳西州的一名共和党人，所在的选区从 1901 年以来一直没有变动过。由于都市化，该地区的人口已经是处于农村选区人口的十倍。换句话说，这样的选区划分意味着十个城市人只抵得上一个农村人。贝克要求该州重新划分选区，实现"一人一票"的原则。

最高法院在此之前曾遇到过这样的诉讼，但是均以这一问题是政治问题而未予裁决。经过长达一年的激烈争论，最高法院终于裁决贝克胜诉。这一标志性的裁决以及后来的几个案件的裁决，迫使各州在划分议员选区时必须以人口数为基准，做到尽量相等。这一要求对于各州参众两院议员席位的分配和划分也适用。

以上的分配原则和分配方法仅讨论了如何保证各选区的人口尽量相等的问题。但是，在人口相等的情况下，仍然会出现

---

① Baker v. Carr，369 U.S. 186 (1962)。

不公平的现象。我们举一个例子来说明。假定我们有 15 位选民，八位是共和党人，七位是民主党人。共和党人占了总人口的 53%，民主党人占了总人口的 47%。我们再假定共和党人与民主党人把选票只投给本党的候选人。我们用大象代表共和党人，用驴代表民主党人。现在我们需要把他们划入五个选区，每个选区选出一位国会众议员。

选区划分的第一个方案如下：

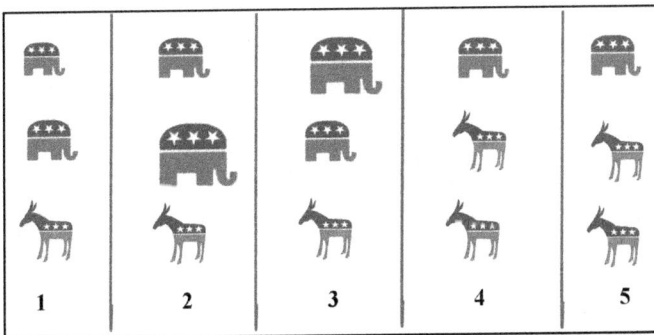

共和党人在第一、第二和第三选区获胜，可以赢得三个席位，民主党人在第四和第五选区获胜，可以赢得两个席位。共和党和民主党分别赢得 60% 和 40% 的席位。这样的选举情况还算正常，因为席位的分配与选民占总人口的比例相差不大。选区划分的第二个方案如下：

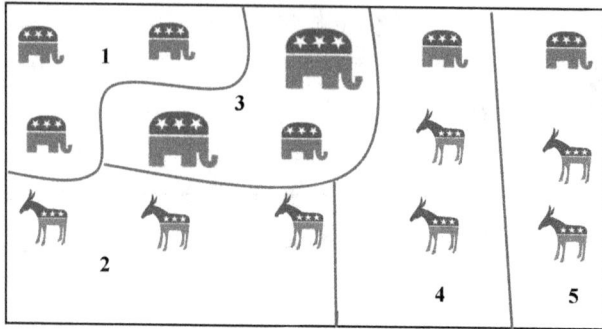

共和党人在第一和第三选区获胜，可以赢得两个席位，民主党人在第二、第四和第五选区获胜，可以赢得三个席位。共和党和民主党分别赢得 40% 和 60% 的席位。这样的选举情况有点问题。选民们并没有改变投票，但是由于不同的选区划法，共和党从多数党变成了少数党。民主党人尽管人数比共和党少，但是他们在国会的代表成了多数。

在图中，两位共和党的重要级议员分别用两只较之其他共和党人大一点的象表示。第二个划分方案把他们放在同一个选区（即第三选区），两位议员只有一位能够胜出，共和党失去了一位大佬。这样的划分法显然对共和党不公平。我们再来研究选区划分的第三个方案：

在第三个划分方案中，共和党人能够在第一、第二、第三和第四选区获胜，可以赢得四个席位，民主党人只能在第五选区获胜，赢得一个席位。共和党和民主党分别赢得80%和20%的席位。这样的选举情况也存在问题。民主党人占了人口总数的47%，却只获得20%的席位，对民主党不公平。在第五选区中，三位民主党人被放在了同一个选区，其实在该选区只需要两位民主党人，民主党就可以获胜。这样的划分使民主党白白地浪费了票源。这一策略叫做"压缩"。第一到第四选区的做法叫"分解稀释"，民主党的票源不能构成对共和党党的威胁，从而使共和党在这些选区轻松取胜。

田忌赛马是一般中国人熟知的典故，该策略在选区划分上被广泛运用。一个政党可以通过采用这一策略，获得超出比例的席位。"压缩"的做法犹如田忌赛马中用劣等马应付对手的上等马。"分解稀释"犹如田忌赛马中用上等马应付对手的中等马。从上面三个划分方案中可以看出，选民和候选人并没有任何变化，但是由于不同的选区划分，使得选举结果大相径庭。在选情不变的条件下，选区划分将左右选举结果。在上面的例子中，民主党人会尽力争取第二个划分方案，而共和党人会努力争取第三个划分方案。在许多情况下，选举还没有开始，结局早已预知。

　　这就是选区划分中常提到的"劫位蛮得"①问题。该名词的来历挺有趣。马萨诸塞省为1812年的选举重新划分选区。这一工作是在当时的州长格里②的主持下进行的。两位记者在讨论新划分的选区地图时，一位记者指着波士顿以北的一个选区说，"这个地区像只'赛拉蛮得'（蝾螈）。"另一位记者叫到，"什么赛拉蛮得，是'格里'蛮得(即劫位蛮得)！③"（见下图）。从此这个新创的名词被广泛地使用于选区划分上了。

　　1986年最高法院对北卡罗来纳州选区划分诉讼案④的裁决具有深远的意义和影响。北卡罗来纳州对州的参众两院选区进行划分。黑人团体认为，在该州开辟的七个新选区中，黑人选民的票源被稀释，黑人选民根本不可能选出他们中意的候选人。联邦地区法院裁决七个选区中的六个选区违反选举权法，判黑人团体胜诉。北卡罗来纳州将该案上诉到联邦最高法院。最高法院裁决五个选区明显地歧视黑人，选区的划分使得黑人无法选出他们拥护的候选人。

---

① 劫位蛮得 Gerrymandering，为选举获胜而不公正地划分选区，也译为"杰利蝾螈"。
② 埃尔布里奇•格里(Elbridge Gerry 1744-1814)，美国政治家和外交家，曾任马萨诸塞州长。
③ 赛拉蛮得(Salamander)，译为蝾螈或火蜥蜴。劫位蛮得(Gerrymander)，取格里的姓和蝾螈的后一部分成为一个新创词。
④ Thornburg v. Gingles 1986。

最高法院定出三条衡量标准。首先，少数族裔必须有足够的人数，并且居住在相对集中的地区，因而可以在一个选区成为多数。第二，必须有资料证明，少数族裔在投票时历来抱成团。第三，必须有资料证明，白人的投票也抱成团，因而会阻碍少数族裔的候选人当选。三条标准成为今后是否需要专门划出少数族裔选区的衡量标准。该裁决使得黑人当选联邦众议员和州内参众议员的人数迅速增加。而且，西班牙裔和印第安裔代表的比例也有所增加，特别是各州州内参众两院的议员。

以稀释手段阻止少数族裔候选人当选自然不对，但是为了使少数族裔的候选人当选，不择手段地拼凑少数族裔地区的做法同样也不对。北卡罗来纳州为了增加一个以黑人为主的选区，把分散在各地的黑人区勉强拼凑在一起。个别地方实在没辙了，竟然以没有人烟的高速公路作为连接线。1993 年，最高法院对北卡州的这一选区进行裁决[①]，判定选区的边界线不得单纯以种族为考量。不能为了拼凑一个所谓的少数族裔选区，打破人们习惯的地区分界。

虽然劫位蛮得是在 1812 年得名的，但是这一作法不仅在美国，而且在英国的殖民地早就存在。劫位蛮得的政治游戏可以说是美国历史的一部分。从上世纪六十年代开始，这种游戏的频率和与此相关的政治斗争和法律斗争的激烈程度大大增加了。过去由于没有法律要求每个选区的人口尽量相等，选区重划一般只是在议员人数有变化时才发生。上世纪六十年代，最高法院做出判决，选区应该随着人口的变化进行重新划定，目的是为了使选民们拥有平等的民主权力。为了使每个选区的人口尽量相等，每次人口普查以后，选区均需要重新划分。

选区重划演变成最肮脏的政治阴谋，打开了可怕的潘多拉盒，引发激烈的党派斗争，一发不可收拾。即使当年反对要求

[①] Shaw v. Reno (1993)。

75

选区人口尽量相等的最高法院的大法官，也没有预料到今天的尴尬局面。当初人们只是以为，在任的官员和政党一定会在选区重划中尽力保持优势，农村地区的影响将会让位于城市的影响。然而每十年一次的选区重划却引发众多的问题。当选的议员们为了巩固自己的地盘，使自己立于不败之地，不惜无视人口组成的变化。

目前的选区重划存在着诸多的问题。当最高法院开始要求选区人口尽量相等时，人们还没有采用高科技。政客雇用顾问、朋友和志愿者帮忙。四十年以后，进入二十一世纪，计算机使选区重划和竞选进入一个新的专业化时代。选情分析、募款、动员拉票等一切都变得专业化，由专门的人员进行操作。

选区重划已经变成一个专业。共和党方面有一位闻名的专家以选区重划为生，专门为共和党出谋划策，目标是为共和党创建摇篮，为民主党挖掘坟墓。他总是赶往共和党得势的地方，帮助他们策划新的选区。他给各地的共和党作演讲，讲述如何打击对手又不落下口实，授人以柄。他一再警告共和党人，不要太贪婪，不要把每一个对自己有利的地区都划入自己的选区，以使自己更有把握当选。

有意思的是，这位专家告诫他的听众，注意保密安全，防止计算机泄密。他认为电子邮件不可靠，如果需要联系，他建议直接见面，或者使用保密电话。他还提醒共和党人，要特别当心党派身份不明的人员，因为他们很可能不是朋友。他的座右铭是：小心谨慎、计划周密、遵守法律、切勿贪婪。他用实例向人们展示他的杰作，如北卡罗来纳州的选区重划。按照他策划的选区，共和党和民主党的席位数可以从 6:7 上升到 10:3。

他更向人展示不听他的忠告，在选区重划中造成重大失误的典型。得州的共和党在 2011 年的选区重划中遇到了大麻烦，因为他们对这位专家的告诫充耳不听。得州的人口增长主要归功于西班牙裔和非洲裔。得州的共和党有几种选择，上策是划出三到四个少数族裔选区，中策是划出一到两个少数族裔选区，下策是把四个增加的席位全部纳入囊中。上策和中策意味着把几个选区拱手让给民主党，但是得州的共和党选择了下策。

这一举措导致民主党人的激烈反对，官司一直打到联邦最高法院。由于法律诉讼正在进行，得州不得不推迟初选，结果没等得州的共和党人投票表达他们的意向，共和党的初选已经基本结束，罗姆尼成为共和党的总统候选人。如果得州能够按期举行初选，罗姆尼很可能没有机会，说不定金端奇或者桑托罗姆能够胜出，那么 2012 年总统大选的历史可能会重写。

民主党也有这样的专家，专门帮助各地的民主党人挤对共和党人。不过由于计算机软件的迅速发展，把先进技术用于选区重划的设想进入到实验阶段。2011 年，在佛吉尼亚州的一个学生竞赛上，已经出现用计算机进行的选区重划方案。如果这一技术得到推广，选区重划领域内将出现革命性变化，可以使这一过程尽可能地脱离政党的摆布。

选区重划的第二个问题是现任优势。现任的官员和议员在竞选中更容易当选，因为他们有挑战者没有的优势。但是重划选区时，如果官员或议员被划入一个新的选区，该员继续连任的难度就大得多。现任的议员和官员必然会尽力保持自己熟悉的选区和选民。这样就出现一个奇怪的现象。按理说，民主应该是民众选择他们的代表，而现实却是代表在选择选民。这样的情况与民主背道而驰。

选区重划的第三个问题是党派斗争。加州是民主党的天下，印第安那州是共和党的老巢。这两个州的民主党和共和党均想尽办法从对方的手中多抢几个席位，以增强本党的力量。现在的问题是，党派性太强，向两极分化。党派两极分化造成选区也两极分化，选区要么属于民主党的极端自由派，要么属于共和党的极端保守派，温和派很难在竞选中扳倒对手。选出来的议员和官员党派性太强，主张更加极端。

选区重划过程中，在任的党派总是希望为本党夺得更多的席位，不惜采用稀释和压缩手段，让本党的票源在尽可能多的选区内保持优势。这就要求在选区内，本党的优势是微弱的多数，否则会浪费票源。但是在任的议员和官员却并不认同。他们为了保住自己的席位，总是希望自己选区内的本党选民尽可能得多，可以使他们高枕无忧，不必花力气与可能的竞争对手较量。他们还希望自己的选区保持原状，因为他们熟悉本选区，选民们也熟悉在任的官员和议员，对他们连任更为有利。所以，选区重划不仅是两党之间你死我活的斗争，也是党内水火不容的争斗。

选区重划是一个非常敏感的政治问题，各州在处理这一问题上采用不同的方法。根据 2010 年的人口普查，全美有七个州只有一名联邦众议员的名额。这些州不存在选区重划问题。有六个州委托独立的委员会进行选区重划，党派不参予划分，所以争议比较少。另有三个州委托独立机构进行选区重划，但是必须通过州议会批准。剩下的 34 个州则由本州的议会负责选区重划。州的议会由两党轮流执政，因此选区重划的风向标随着政局的变化而变化，争论和诉讼延绵不断。谁在选区重划的斗争中占上风，谁将赢得今后数年的选举。

选举科研

选举是美国政治中的一件大事。对选举进行科学研究是政治学等学科中的一个重要领域。在该领域中,一个令人关注的课题是研究人们如何投票。回答这一问题,既容易也困难。说容易是因为有许多人已经做过调查,有现成的答案。很多研究机构和媒体对刚投完票的选民进行调查,询问他们投了谁的票。但是,此类研究有一个通病,这就是它的真实性和准确性。谁也不能保证被问的选民是否说了实话。有许多选民由于各种原因,拒绝回答问题。而且,此类调查受财力和物力的影响规模有限。

最现成的研究材料是投票统计。因为总统、议员、各州的官员是否当选,完全取决于投票统计,如果计票有问题,候选人是不会答应的。在美国的大选中,曾经发生过不少重新清点选票的事情,这是因为美国的法律规定,如果两位候选人的得票相差不超过一定的百分比,选票必须经过重新清点,以保证选票的准确性。可是用投票统计数字回答人们是如何投票的这一问题,有一定的难度。这是因为投票是以无记名方式进行的,尽管总的得票数是公开的、透明的,但是谁投了谁的票却是暗箱操作不公开的。

举一个例子说明这一问题。竞选议员的共和党候选人 G 先生获得了 301,250 张选票,民主党候选人 M 先生获得了 273,750 张选票。按照人口普查资料显示,该选区有 100 万投票年龄人口,其中少数族裔投票年龄人口为 375,000。选民投下的选票以计票区为单位统计,选务官员将计票区统计上来的选票汇总,算出总票数。但是,要从这样的统计中知道哪些人投了哪位候选人多少票，还真有点困难。这一问题可以归纳如下：

表7.1 某选区选票统计

	参加投票			未投票	总计
	M	G	合计		
非白人	?	?		?	375,000
白人	?	?		?	625,000
总计	273,750	301,250	575,000	425,000	1,000,000

从表7.1可以看出，我们只知道总数，即表格中称为"总计"的项目，但是无法确切知道表格中打问号（？）的格子里的具体数字。我们不知道有多少白人投票给G先生（共和党），也不知道有多少非白人投票给M先生（民主党），我们甚至不知道白人和非白人各有多少人参加投票选举。

在政治学中，有一个研究课题一直困扰研究人员半个多世纪。这就是，为什么具有共和体制的德国魏玛共和国①会使希特勒的纳粹党上台。研究人员试图搞清楚究竟是哪些人把选票投给纳粹党。希特勒的纳粹党上台是数十年前的事情，研究人员不可能对当时的人们进行问卷调查。唯一可供研究的材料是1932年德国选举的计票结果和人口普查资料。

当时参加竞选的有极左的德国共产党、德国的执政党联盟②、极右的德国民族人民党、德国纳粹党以及其他几个较小的

---

① 魏玛共和国是指1919年至1933年期间统治德国的共和政体，建立于德國第一次世界大战战败后。由于共和宪法是在魏玛召开的国民议会上通过的，因此这一共和政府被称为魏玛共和。后世历史学家称之为"魏玛共和国"。魏瑪宪法共和是德国历史上第一次走向共和的尝試，由于希特勒及纳粹党在1933年上台执政而结束。

② 如社会民主党、天主教党和中央党等。

政党①。德国的民众可以分为个体经营者、白领阶层、蓝领阶层和失业者等。这一情况与表 7.1 所示的情况很相似，只是未知数更多、情况更复杂。直到上世纪八十年代以前，学术界的共识是，德国的经济萧条导致了中产阶级的恐慌，中产阶级成为纳粹党的中坚。但是在 1983 年，有研究指出纳粹党的群众基础来自于蓝领阶层，即工人阶级。

最早开始在政治学领域中研究此类问题的是美国的两位教授。他们在 1919 年发表一篇论文，研究美国俄勒冈州波特兰市的妇女对某项公决提案是如何投票的。他们分析该市的各计票区，推测如果某些计票区的妇女人数多，投反对票的人也多，某些计票区的妇女少，投反对票的人也少的话，是否说明该市的妇女倾向于对该提案投反对票。我们用下面的例子来说明他们的分析和推测：

表 7.2　反对票比例与妇女人口比例的关系

计票区	反对票比例	妇女人口比例
1	30%	40%
2	40%	50%
3	50%	60%

从表 7.2 可以看到，随着妇女在计票区人口比例的上升，投反对票的人数比例随之增加。我们可以用线性回归法②推算出妇女中反对提案的比例。在这一方法中，妇女人口比例是出发点，统计学家把它叫做自变量。反对票比例是推测的结果，统计学家叫做应变量。意思是说，反对票比例随着妇女人口比例的变化而变化。从某种意义上说，妇女人口的比例可以看作是"因"，反对票比例可以看作是"果"。我们可以推测，如

① 如德国人民党(DVP)和德国国家党(DSTP)。
② 线性回归法(Linear regression)是一种常见的统计预测方法。

果妇女人口占 30%，反对票比例应该为 20%，如果妇女人口占 70%，反对票比例应该为 60%。依次类推下去，如果妇女人口占 100%，反对票比例会是 90%。这就是说，90%的妇女反对这一公决提案。

但是这样的推测可能存在问题，叫做"以全概偏"谬误[①]。谬误指的是思考上的错误，只要在思考推理上有可能误导或者导致偏差，都称作谬误。盲人摸象的寓言对我们来说并不陌生。我们称盲人的错误为"以偏概全"。寓言中的盲人从片面的不完整的情况出发，错误地推断整体，显然是不对的。在实际生活中，我们会犯相反的错误，叫做以全概偏。

例如，我们看到一个班的平均成绩不尽人意，我们下结论说，这个班里的人成绩都很差。这样的结论很可能是错误的，因为也有可能该班有不少非常优秀的学生，只是由于班里有不少特别差的学生，拖累了整个班的成绩。在美国，黑人的收入普遍比白人低。但是如果我们由此下结论说，所有黑人（包括年薪可能数百万的黑人 CEO）的收入比白人（包括年薪只有两三万美元的清洁工）的收入低，我们就犯了"以全概偏"的错误。 以全概偏谬误的毛病出在层次上。我们观察的单位是群体(即一群人)，而得出的结论是关乎个人的。

由于研究人员无法确切知道美国俄勒冈州波特兰市的人们对公决提案的态度，上面的投票结果也有可能是由于男人们的反对造成的。表 7.3 是可能出现的一种投票情况。我们假设每个计票区的人口都是 100。

[①] "以全概偏"谬误(Ecological inference fallacy)，比较专业的译法为"层次谬误"、"生态谬误"或"区位谬误"。我们在这里译为"以全概偏"是为了读者更容易理解。

表7.3　可能出现的一种极端情况

计票区	支持		反对		反对比例	妇女比例
	男	女	男	女		
1	30	40	30	0	30%	40%
2	10	50	40	0	40%	50%
3	0	50	40	10	50%	60%
整个地区	40	140	110	10		
	27%	93%	73%	7%		

从整个地区来说，150名男性公民中有110人投票反对，约占了男性人口的73%，150名女性公民中只有10人投了反对票，约占女性人口的7%。如果这一情况是事实的话，结果就让人大跌眼镜。原来是男性们反对该公决提案，而女性们是支持提案的。这一情况与前面的推测背道而驰。

由于存在以上的可能，有一位颇有影响力的研究者在1950年提出，从汇总的数据中推测个人的行为是不可能的。我们不可能从计票区的投票结果中研究出人们是如何投票的。他的观点在社会科学界产生巨大的影响。一方面，他的悲观论点使得许多学者放弃前面提到的推测方法。另一方面，他的观点促使许多统计学家致力于解决这一问题。

我们对选民的选举行为进行推测，需要很重要的假设为前提。这就是，一个地区的选民们有着相似的投票行为。我们仍用俄勒冈州波特兰市的例子来说明问题。我们在研究妇女们的投票行为时，需要做以下两个假设：第一，无论在哪个计票区，妇女们投反对票的比例是相同的(至少是相似的)；第二，无论在哪个计票区，男人们投反对票的比例也是相同的。如果这两个假设成立的话，表7.3中的情况就不会出现。

这样的假设是否有依据呢？大量的研究表明，尽管美国的种族隔离基本消除了，不同种族的人们能够融合到一块儿，少数族裔平等权力方面取得很大的改观，但是少数族裔倾向于把选票投给本族裔的候选人。黑人选民一般倾向于投票给黑人候选人，拉丁裔选民倾向于选拉丁裔的候选人。该现象叫做"种族极化投票[1]"。种族极化投票的准确定义是，某些种族或族群的投票行为与其他种族和族群有明显的差别。美国的黑人和拉丁裔人不仅倾向于把选票投给他们本族裔的候选人，而且更多的时候把票投给民主党。据估计，黑人投给共和党与民主党的选票是 1:8，九个人中会有一个人投共和党的票，而其余的八个人会投民主党的票。由于存在种族极化投票现象，研究少数族裔是如何投票的课题显得更为重要。同时由于存在种族极化投票现象，我们所需要的假设有了一定的依据。

在分析少数族裔如何投票的过程中，有两种方案可供选择。一种是由哈佛大学著名社会学家提出的多因素分析模型。在他的模型中，他采用地区的经济、政治、社会状况等因素，综合分析这些因素对选举中的投票行为产生的影响。而另一种分析模型只观察少数族裔在地区占的百分比。在该分析模型中，自变量只有一个，即少数族裔占总人口的比例。俄勒岗州波特兰市妇女投票的研究属于这类方法。

从理论上说，哈佛大学那位学者的模型分析更全面一些。可是这一方法却遭到法官的否决。因此，后一种简单的分析模型成为法定的选区重划的分析方法，被普遍沿用。看来在美国也存在着政治干预技术的现象。

还有一个政治干预技术的典型例子。美国国会曾就人口普查展开过激烈的争论。许多统计学家、人口学家和社会学家提议，今后的人口普查与其广种薄收、普遍撒网而不精确，不如对全体人口进行十分之一的抽样调查，以便集中有限的人力和物力，将抽样做得更精确，从而准确地推算出全体人口。但是这一合理而又科学的建议，遭到许多人的抵制。这是因为，这

---

[1] 种族极化投票(Racially polarized voting，也叫做 Racial bloc voting)。

样的抽查将使很多人(尤其是对政治不关心的、居无定所的穷人)浮出水面,这种情况对有些政客和政党不利。

上世纪的七十和八十年代,有多位学者提出了双回归预测法[1]。双回归预测法用于破解表 7.1 中的迷非常合适。该方法的基本思路是,首先推算出白人和少数族裔参加投票的比例。少数族裔一般比较穷,受生活所迫对政治的热心程度并不高。该现象验证了恩格斯的《在马克思墓前的讲话》中说的名言:"人们首先必须吃、喝、住、穿,然后才能从事政治、科学、艺术、宗教等等。"许多少数族裔生活在贫困线上,无暇顾及谁当选的问题,所以政治热情并不高,参加投票的人数不多。相比之下,白人因为经济状况相对好一些,政治热情高一些,参加投票的人数多得多。

双回归预测法的第二步是分别推算出参加选举的白人和少数族裔投票给某位候选人的比例。我们以下面的表为例,说明分析的步骤。

表7.4 某选区的选票统计

计票区	非白人	白人	未投票	参加选举投票		
				M	G	合计
1	90%	10%	53%	38%	9%	47%
2	50%	50%	45%	30%	25%	55%
3	20%	80%	39%	24%	37%	61%

根据以上三个计票区的情况,我们首先推算出 65%的白人参加了选举,45%的少数族裔参加了选举。第二步,我们推算出参加投票选举的白人中有 70%的人把票投给了共和党,而参

---

[1] 双回归预测法,Double regression。

加投票选举的少数族裔有 90% 的人把票投给了民主党①。根据以上的推算，我们可以计算出选票可能的分布情况：

表 7.5　某议员选票推测结果

	参加投票			未投票	总计
	M 得票	G 得票	合计		
非白人	151,875	16,875	168,750	206,250	375,000
白人	121,875	284,375	406,250	218,750	625,000
总计	273,750	301,250	575,000	425,000	1,000,000

　　双回归推测法有的时候会出现令人尴尬的结果。当我们说，我们有百分之一百二十的把握时，这样的说法是一种夸张的说法，人们不会介意。但是如果我们得到结果说，有百分之一百十的白人参加了选举，就不符合事实。有的时候，双回归法的推算还会出现负数。说没有人投支持票可以理解，但是说有负百分之十的白人投支持票，就无法理解了。由于会有上述不合实际的结果，双回归推测法饱受抨击。但是，该推算方法为研究选举的专家提供了非常实用的工具，在选区重划的诉讼中被专家们大量采用，作为分析少数族裔投票行为的主要方法之一。

　　1999 年，哈佛大学的一位政治学教授出了一本书，提出一个新颖的方法，打破双回归法的垄断地位。该教授提出的新办法，不仅能够避免出现上述的尴尬情况。而且不需要假设各计票区的选民有完全相同的投票倾向，因为居住在穷人区的黑人与居住在富人区的黑人未必会支持同一位候选人。该新方法受到人们的热捧，那位教授因为该书的巨大贡献，被选为美国国

---

① 具体计算因为比较复杂，此处不赘。

家科学院士。这一新方法叫做"区位推论"[①]，人们把它简称为 EI 法。

该方法的基本思路可以用"隔山数牛"来形容。我们无法走近牛群精确地数牛，我们只能通过牛群所处的周围环境推断牛的数量。如果我们隔着山看到草地茂盛、水源丰富，也许我们有理由断定，那儿的牛一定不会少。如果我们隔着山看到高山峻岭，土地荒芜，我们可以推断那儿的牛肯定不多。

EI 法的主要特点是在推测时尽可能地缩小推测范围。我们继续以表 7.4 作为例子来说明其原理。从第一计票区我们得知，参加投票的人数占了该计票区总人数的 47%。如果没有一个白人出来投票，那么这些选票应该都是由少数族裔投的。如果白人全都出来投票，那么至少有 37% 的选票是由少数族裔投的。因此，少数族裔的投票人数在总人口的 37% 到 47% 之间。该区的少数族裔占总人口 90%，所以约有 41% 到 52%[②] 的少数族裔参加了投票选举。虽然我们仍然不能确定究竟有多少少数族裔的人参加了选举，但是仅凭第一计票区，我们可以将推测缩小到了一个较小的范围。

从上面的推测过程中可以看出，白人的投票率与少数族裔的投票率之间有一定的关系。对一个计票区而言，在投票总数已经确定的情况下，如果白人的投票率升高，少数族裔的投票率肯定会降低，反之也一样。而且无论如何变化，参选人数最多不会超过 100%，最少不会低于 0%。它们之间的这一关系是 EI 法推测的基础。三个计票区白人投票率与少数族裔投票率可以用下面的图来表示：

[①] 区位推论(Ecological inference)，也称为跨层推论(Cross-level inference)。

[②] $0.37/0.90=0.41=41\%$；$0.47/0.90=0.52=52\%$。

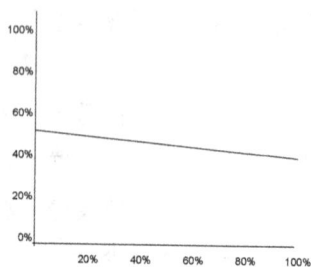

第一计票区

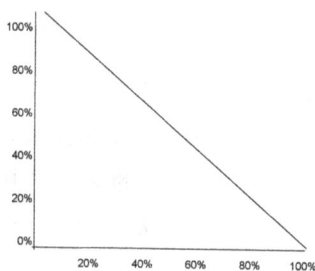

第二计票区

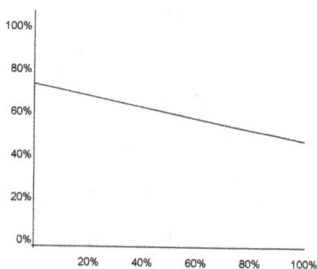

第三计票区

图中的纵坐标表示少数族裔的投票率，横坐标表示白人的投票率，线段上的任何一点都有可能是实际的投票情况。我们将三个计票区的参选率关系图合并起来，得到下图：

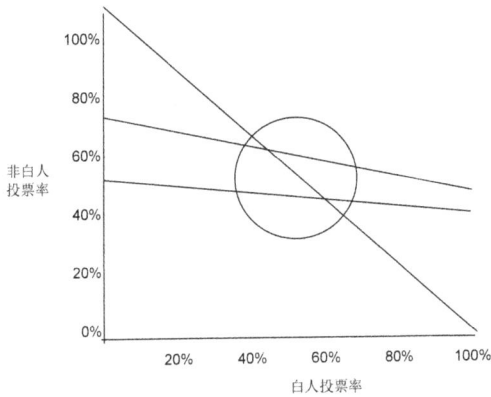

那么整个地区少数族裔和白人的投票率到底是多少呢？答案在三条线的相交汇处，即图中的圆圈内。按照那位教授提供的软件计算，白人的投票率大约是 64%，少数族裔的投票率大约是 45%。

当然，这位教授创造的 EI 法复杂得多，这里只是讲其基本原理。该教授在哈佛大学的网站上提供免费的软件供人下载，为普及 EI 分析法起了推动作用。近年来，更有统计学专家和计算机专家推出免费的软件用于 EI 法的分析。目前，该分析法有取代双回归法的趋势。

EI 分析法也有一个问题。一般来说，在数学领域（包括统计领域）中，如果用同一方法对同一数据进行分析，得出的结果应该是一样的。例如，根据线性回归法对某地区选举数据进行分析，得出百分之九十的妇女投了反对票的结论。如果我们用相同的分析法，对相同的数据再一次进行分析，我们肯定会得到完全相同的结果，即百分之九十的妇女投了反对票。

可是，EI 法却不是这样。当我们用同一个分析模型对相同的数据进行分析时，结果会有微小的差别。例如，第一次运算时我们得到 45.1% 的黑人参加了投票。第二次运算的结果可能是 45.2%，第三次又变成了 45.0%。虽然相差只有零点几个百分点，对于习惯于经典统计方法的研究人员来说，适应这一方法的结果需要一定的时间。尤其是当这些结果应用于法庭时，对于法官和陪审团，解释这样不断变化的结果还需费点口舌。不少学者还发现了 EI 法的其他缺点。尽管如此，EI 分析法在近年的选区重划法律诉讼中，正在发挥越来越重要的作用。

硝烟连年 （1990-2003）

　　全美有 34 个州是由本州的议会负责重新划分选区的。得克萨斯州是其中之一，所以选区重划的斗争在该州从来没有停止过。我们试图通过详细介绍得克萨斯州的共和党与民主党在选区重划战场上的斗争，使读者了解全美其他 30 多个州在选区重划上的激烈斗争。

　　根据 2010 年人口普查的结果，得克萨斯州享有 36 个联邦众议院席位，比 2000 年增加了四个席位。得州的宪法规定，州参议院有 31 个席位，州众议院有 150 个席位。州参众两院的议员席位数是固定的，不随人口的变化而增减。

　　联邦众议员和州的参众议员采用分区选举，每位议员是从各自的选区里选举出来的。虽然州参众两院议员的总席位不变，但是由于人口增减幅度不平衡，每次人口普查以后，为了贯彻"一人一票"的原则，联邦众议员和州参众议员的选区均需重新划分。

　　联邦众议员和州众议员的任期是两年，州参议员的任期是四年，可以连任没有限制。因为得州每十年需要重新划分州参议员选区，所以有些州参议员的任期并不是四年。为了保持州参议院的连续性，每次选举只改选半数的州参议员。例如，2010 年人口普查后划分了新的州参议员选区，2012 年选出 31 位州参议员。2014 年，半数的州参议员(叫做第一组)改选。第一组的州参议员实际上只当了两年的议员。2016 年，另一半数的州参议员(叫做第二组)改选。他们担任了四年的议员。到 2018 年，第一组(2014 年当选)的州参议员将进行改选。到 2020 年，第二组(2016 年当选)的州参议员将改选。而第二组

(2020 年当选)的州参议员只能在位子上待两年,因为新的选区在两年后将开始实行。那么,如何决定半数的州参议员改选呢?每次新选区确定后,选出的州参议员做的第一件事是抽签,由抽签决定何时改选。如果一位州参议员仅当两年就轮到改选,而改选失利丢了职位,只能怪自己的运气不好。

选区重划的困难和极有争议的地方在于坚持"一人一票"和地区的完整性。根据 2010 年的人口普查,得克萨斯州有 2,500 多万人口,分布在 91 万多个街区里。每个街区平均人口约 27 到 28 人。人口最多的街区有 9,000 多人,有的街区地处农村,整个地区荒无人烟,不见人影。街区是选区重划的最小单位。一个街区只能属于一个选区,不允许两个或两个以上的选区瓜分一个街区。得克萨斯州的联邦众议员名额是 36 个席位,平均每个选区应有近 70 万人,各个选区的人口正负误差不超过一两个人,选区必须保持连续性和完整性,尽量照顾到原有社区和习惯区域。这样的要求近乎苛刻。

得州的立法委员会研发了一个叫做"红苹果[1]"的计算机软件用于选区重划。软件的名称有点来历。我的一位同事曾参与了这一软件的开发工作。软件的全名叫做"选区重划应用软件"。把"选区重划应用"的前几个英文字母拼起来正好是红苹果。在一次内部工作会议上,他开玩笑地把软件叫做"红苹果"。结果红苹果的名称就这样叫开了,后来成了它的官方名称。红苹果软件结合了地理信息系统[2]和其他计算机技术。该系统里储存着全州的地理信息,县、区和街区的人口资料与历年的选举情况。当议员和工作人员试图划分选区时,该系统实时地提供综合的人口信息,图划到哪里,人口信息综合到哪里。

---

[1] 红苹果(Red Appl),即 Redistricting Application Software 的缩写。
[2] 地理信息系统 Geographic Information System,简称 GIS。

　　任何新技术总是双刃剑。红苹果系统为划分选区提供方便，但是也为劫位蛮得提供绝好的手段。虽然各选区的人口差别可以降至一两个人甚至为零，但是稀释和压缩票源的现象却更加严重。1990 年人口普查以后，得州因人口增长，联邦众议员席位从 27 个增至 30 个。对于三个新增的选区，民主党控制的州议会决定，划出一个以黑人为主体和两个以西班牙裔为主体的少数族裔地区。这三个选区的地形图如下：

　　为什么三个选的形状很特别呢？原来，得州的民主党为了使该三个选区的少数族裔占多数，不惜东拼西凑，把黑人和西班牙裔居住区牵强附会地联在一块儿。少数族裔会把票投给民主党，这样的划分意味着民主党将在该三个地区的选举中稳操胜券。联邦司法部批准了得州的选区重划方案。在 1992 年选举中，选区重划效果显著。民主党在 30 个联邦众议员席位中夺得了 21 个席位。民主党占据了 70%的席位，但是它的得票数只占 51.1%。民主党充分利用田忌赛马的原理，在选区重划之战中先声夺人打了胜仗。

1994 年，联邦地区法院裁决三个选区的重划方案违宪，因为划分是以种族为基础的。最高法院已经在前一年对类似问题作出过裁决。得克萨斯州不服裁决，将案子上诉到最高法院。由于诉讼在上诉阶段，1994 年的选举继续按照 1992 年使用的选区进行。民主党在这次选举中只获得 43.1%的选票，却仍然占据了 30 个联邦众议员席位中的 19 个席位，占总数的 63.3%。按照民主党得票的情况推算，该党应该获得 30 个席位中的 13 个席位。民主党在选举中多占六个席位。从这一结果足可见选区重划的重要性。一个政党如果在选区重划中占了先机，即使是少数党仍然可以打败人数众多的对手。

1996 年的党内初选按照 1992 年的选区进行。初选结束以后，最高法院裁决得州败诉，13 个联邦众议员选区的初选结果无效。得州必须按照联邦法院划分的选区进行重新选举。法院重划的选区比得州划分的选区好得多。

　　法院改划的选区仍受以前的影响，民主党还是占了先机。1996 年的选举中，民主党获得 45.2%的选票，但是仍然得到 30 个席位中的 17 个，占 56.7%。虽然民主党并没有得到多数选民的支持，但是在联邦众议院里仍占据多数席位。

　　由于得州两党的意见无法统一，1998 年的选举只好再次使用法院划分的选区。这样的选区划分一直沿用到 2000 年大选。虽然民主党主导的选区重划方案被最高法院否定，但是民主党并没有一败涂地。在 1998 年和 2000 年的选举中，民主党没有获得多数选民的支持，支持率只是在 46%到 48%之间徘徊，却一直牢牢地控制了联邦众议院 30 席位中的 17 个席位。

　　从 1992 年到 2000 年的十年间举行过五次选举。每次选举，联邦众议员均需要重新选举，共涉及 150 人次。但是在这些选举中，有 30 人次根本无人挑战，一个席位只有一名候选人参选，候选人毫无悬念地轻松当选。只有五个人次的选举真正具有挑战性，双方的选票差额在五个百分点以内，其他的选举均是大胜，要么共和党候选人大胜，要么民主党候选人大胜。这种现象正是稀释和压缩造成的。

得州的州众议院选举与联邦众议员选举情况相似。1998 年和 2000 年大选中，民主党得到的选票分别是 41.4%和 42.0%，但是该党在 150 名州众议员席位中却占据了 78 席，点总席位的 52%，整整多霸占 16 个席位，该党得以在州众议院中占据多数党的地位。

州参议院的选举也是如此。1998 和 2000 年的两次选举中，民主党仅获得 39.1%的选票，却占据 48.4%的席位。虽然民主党在州参议院处于少数党地位，但是其席位只比共和党少一个，占了 31 个席位中的 15 个席位。1991 年民主党主持的选区重划使民主党在得州的政坛占了先机，整整影响得州的政局达十年之久。

根据 2000 年人口普查的结果，得克萨斯州人口增长超过其他州，额外获得两个联邦众议院席位，从 30 席增至 32 席。此时，得州的民主党再也不像十年前那样占据有利地位。民主党和共和党不能就选区重划问题取得统一意见。2002 年大选时，联邦众议员的选区是由联邦地区法院划分的。州参众两院议员选区的重新划分是由州的立法选区重划委员会制定的。该委员会由副州长、州众议院主席、州司法部长、州财务部长和州土地署长组成。委员会的成员中有四人是共和党人，结果可想而知，民主党肯定占不到便宜。

我所在的处负责为选区重划委员会提供数据分析。委员会的成员和州议员们夜以继日地连轴转，一份份的重划方案陆续出笼。为了应对这一情况，我们分为两个班次日夜加班，连周末都不休息。我们常常睡在办公室里，等待着新出笼的重划方案。

我们做的分析很重要，决策者们根据我们的分析，对各方案做出取舍，所以不允许有任何的错误。为了保险起见，处长决定沿用十多年前由他参与聘用外单位专业人士编写的计算机程序。该程序虽然经过时间的考验准确无误，但是由于十多年前落后的计算机硬件，程序有许多值得改进的地方。最大的问题是，由于过去要考虑计算机的空间问题，程序设计得很繁琐，运行速度非常慢。

我曾花数月的时间，认真研究了庞大而又复杂的计算机程序，读懂了每一条指令，并根据现有可行的条件，大大简化程序，使其运行速度成倍地提高。过去需要数小时才能完成的分析，我的新程序只需要十多分钟就可以完成，而且操作也变得更为便捷，新手只需要很短时间就可以学会操作。遗憾的是，我花费心血设计出来的计算机程序，并没有得到认可，未能在那次选区重划的过程中发挥作用。

州法院、联邦司法部和联邦法院批准了州参议员的选区重划方案。但是州众议员的选区重划方案被联邦司法部否决。最后由联邦法院进行修改，作为 2002 年大选的选区。

2002 年是共和党的丰收年。虽然在联邦众议员席位的争夺战中，共和党仍然稍逊色于民主党，但是上升趋势已经十分明显。从选票上看，共和党获得 54.9% 的选票。民主党虽然只获得 45.1% 的选票，却占据着 53.1% 的席位，即 32 席中的 17 席。可见民主党主政时期的选区重划仍在发挥着余威。在州参众两院的选举中，共和党取得骄人的成绩。该党成为多数党，占很大的优势，这就为 2003 年的得州政坛巨变铺平道路。

2003 年，得州的共和党仗着在州参众两院的多数党地位，发起新一轮的选区重划。该举措极有争议，因为按照常规，选区重划工作十年举行一次，在人口普查以后的一年里进行。选区确定以后，一般会保持十年不变。但是 2002 年重划的选区刚出笼一年，得州的共和党就迫不急待地将其推倒重来，目的显而易见。共和党试图利用当时多数党的地位，把选区划分得更有利于本党。

这场战役的幕前和幕后策划人是德雷①。有人把德雷译为"地雷"不无道理。德雷从 1984 年开始任联邦议员，直到 2006 被迫下台，共达 22 年之久。他曾在 2003 年到 2005 年间任联邦众议院议长。德雷的历史不太光彩，说他劣迹累累不为过。读大学时，他因为喝酒和涂鸦被开除学籍。他开过公司，因为欺骗合伙人，付了一大笔钱庭外和解，三次欠过国税局的税款。涉猎政界成为得州的众议员后，桀骜不驯的他染上酒瘾。他曾承认，他一个晚上可以喝上八到十杯酒。花花公子的气派使他赚得一个很有个性的绰号，叫做"热浴盆的汤姆②"。神奇的是，这位花花公子居然在一位牧师的帮助下，改邪归正戒了酒瘾，并成为基督徒。

德雷是位毁誉参半的人物。最使他出名的是他娴熟的政治手腕，为共和党在众议院通过一系列的提案立下汗马功劳。他采用的办法叫做"捉与放"。考虑到共和党内温和派和中间派的立场，德雷允许他们在国会中与本党的路线相左，不到万不得已，他不强求这些议员与本党保持一致。例如国会要对共和党人的一项提案进行表决，如果共和党议员因为本地区选民的意见不便投票同意时，只要共和党有足够的票数保证该提案通过，这位议员可以与共和党的路线背道而驰投反对票，而不受到党内的纪律处分。在他的领导下，联邦众议院出现过以 216 对 215 票，217 对 216 票和 209 对 208 票通过的提案。在他的精心安排下，共和党既保证提案的通过，又不使其成员得罪本

---

① 汤姆·德雷(Thomas Dale "Tom" DeLay，1947-)。
② 热浴盆的汤姆，Hot Tub Tom。

地区的选民。他在共和党中的威望极高，但是民主党却对他恨之入骨。

对于2003年的选区重划，民主党人不甘心任人宰割，把官司打到联邦法院。最高法院裁决得州可以破例进行重新划分选区。这样一来，民主党没辙了。民主党的52位州众议员选择集体溜号的办法进行抵制。他们跑到邻近的俄克拉荷马州躲了起来。由于议会没有达到法定的出席人数，共和党第一次重新划分选区的努力败北。

为什么这些民主党议员跑到外州而不是躲在家里故意缺席议会的会议呢。原来，得州的法律规定，作为民选的议员，他们有义务尽自己的责任。如果他们拒绝这一义务和责任，执法部门有权将其逮捕。如果他们待在家里，得州的警察可以把他们抓进监狱。可是，得州的警察只能在本州范围内执法，如果嫌疑人逃出本州躲在外州，需要经过繁锁的引渡程序，而这些议员并没有犯下什么重罪值得引渡，所以得州的警察只能望界兴叹。

过了几个月，州长下令召开参众议院特别会议，继续进行选区重划工作。民主党在州参议院有大于三分之一的席位，成功地阻止了共和党的企图。因为州参议院有规定，重大事件需要有超过三分之二的票数才能进入议事日程。共和党的努力又一次以失败告终。

共和党不甘失败，召开第二次的议会特别会议。共和党人副州长在此次的特别会议上，试图取消参议院三分之二多数的规定未果。共和党再次受挫。不料，会议结束后数小时，联邦司法部公布裁决，宣布在选区重划问题上是否坚持三分之二多数是得州立法机关内部的事情，不需要通过联邦政府的批准。当时的联邦司法部长是共和党人，这样的裁决是预料之中的事。

毫不气馁的得州共和党立即召开第三次特别会议，因为三分之二多数的障碍已经被排除。民主党被逼入绝境，眼看共和党就要得手，十二名民主党参议员中的十一人集体逃往靠近得州边境的邻州小镇上。参议院无法达到法定的出席人数，选区重划工作再次受阻。僵持一个月以后，民主党的一位参议员回到得州。这一举措使民主党的杯葛土崩瓦解。共和党终于经过多次挫折，在第三次特别会议上，开始对共和党极为有利的选区重划。

在此期间，德雷专程从华盛顿赶来亲自坐镇指挥。德雷曾多次亲自充当跑腿，穿梭于州参议院和州众议院之间，为会议递送选区重划地图。关于递送选区重划图，曾发生一件趣事。得州众议长的助手为议长拎着装满选区重划方案图的公文包去开会。这位助手因去厕所方便将公文包放在走廊上，等他出来时那只公文包不翼而飞。失踪的选区重划图是内部方案，并不对外公开。选区图的丢失影响了众议长的开会议程。更重要的是，选区重划图的失窃有着明显的政治意义。媒体对这一戏剧性的事件大肆渲染，一时间闹得沸沸扬扬，警察也惊动了。有人提议调出监控录像，以便进行彻底调查。不过，因为考虑到公开监控录像会暴露监视摄像头的位置，不利于将来的安全保卫工作，此事不了了之。这一事件给人许多遐想。不少人私下嘀咕，窃图贼十有八九与反对党或反对党的同情者有关。

共和党在新的一轮选区重划中，放过七位在任的少数族裔的民主党联邦众议员，把矛头对准民主党的白人议员。这是非常聪明的一招。如果少数族裔的议员受到影响，民主党可以打出歧视少数族裔的旗号进行反击。

十名民主党白人联邦众议员中，只有一名议员的选区未被触动并顺利连任，其他九名议员的选区不是被压缩就是被稀释。有一位议员眼见胜选无望，自动退出竞选改了行。另有一位议员干脆"叛党投敌",成为共和党人得以连任。还有一名白人议员被放在黑人占多数的地区,被本党的黑人同事打败。另有四名白人议员被放进了共和党的票仓地区。只有一人胜出,两人竞选失利,另一人搬家,到新的选区还是未能取胜。

奥斯汀市位于特拉维斯县境内,是民主党的天下。该县的民众以民主党成员居多。此次的选区重划将特拉维斯县一分为三,该县被周围的选区吃掉了,民主党候选人要想胜出基本没戏。

民主党和人权组织在选区重划方案出笼后,立即将得州告上法庭。在诉讼中,得州聘用著名律师事务所为其辩护。原司法部的一名副部长离职后,进入该律师事务所。那次诉讼中,他成为州司法部的辩护律师。他的收费可不低,一小时400美元。有一个星期天,他与我们一起工作了一整天,约有十小时。我的一位同事悄悄地对我说,你猜他今天一天挣了多少钱,4,000美元!好家伙,这可是许许多多工薪阶层一个月的薪水。当然要爬到他那个位置,没有艰苦的努力和超群的能力是不可能的。吃午饭的时间到了,这位慷慨的前副部长给我们十来个人买来便餐。每人一个汉堡包和一杯饮料。这是我在州政府这座清水衙门,吃到的为数不多的免费午餐。这顿免费午餐并非豪宴,只是每人六美元左右的便餐。

美国的公务员属于低薪阶层。总统、议员、部长、局长和处长的位置不是肥缺。总统只是从小布什开始,才达到年薪40万美金。这一薪水与私人公司总裁相比,简直是小巫见大巫。这些高官在台上是很难发财的。他们只有离职后,才有可能靠写书、演讲或担任大公司的高级雇员而发财。

我的一位同事,热心于政治,而且有能力和人脉。如果他参加竞选,很有希望当选州众议员。可是他的从政计划遭到他妻子的坚决反对,因为一旦当选,他必须辞去目前的工作,他的收入每年只有数千美元，靠什么来养活一家。面对经济重负，他不得不打消从政念头，只能做个热心的志愿者。

在美国，对于公务员的清廉极为重视，稍有偏差公务员就会惹上大祸。州司法曾有位部长是位民主党人，在任职期间将一项法律辩护的任务交给了他的朋友。州政府付给他的朋友60万美元的服务费。按规定，他的朋友应该详细记录为州政府服务所花去的时间，并向部里报账备案。可是他的朋友始终拿不出证据，证明他为政府干了多少时间。为此，这位前部长被判刑数年，葬送了自己的政治前途。

在2003年的选区划分诉讼中，除了聘请著名律师外，我们还需要聘请其他方面的专家。这些专家在选区重划的研究上有一定的名气。我们处作为助手，为专家们提供数据分析。我们处的计算机和打印机连续运转着，打印出的材料是论箱计算的。以前看到媒体报道说，一场大的官司打下来，向法庭提供的材料会有上千箱，我总有点将信将疑。在亲历了那场大的官司之后，我才知道，上千箱材料的说法确实是空穴来风。那场官司中，仅我经手的材料少说也有数百箱。

有一天，我们处接到一个紧急任务。我们必须在下班前，对一个选区重划方案进行分析，并将结果以特快件的形式，连夜寄给家在另一个城市的专家，以保证第二天中午之前，材料送达他的手中。离快件公司关门的时间只有两、三个小时。如果使用我们一直使用的那套计算机程序进行数据分析，肯定来不及。此时，处长突然想到我设计的优化程序。他带着疑虑，询问我是否有把握使用那套新的程序。我立即拿出先前所做的对照比较，用事实向他证明，两个程序的分析结果完全相同。唯一的区别在于，新的程序简化了，因此运算速度快许多。我对处长说，我有把握在半个小时之内完成对这一方案的分析运算，并将结果打印出来，保证在快件公司关门之前将结果及时送出。处长做了认真比较之后，终于认可我的优化程序。我设计的计算机程序在静静地等待数个月之后，终于派上用场，有了用武之地。从此以后，我们彻底抛弃过时的老程序。

在正式的庭审之前，民主党和人权组织的律师开始对我方的专家和证人进行取证工作。美国司法程序中有一步非常重要的环节是庭审前的取证。在前面的章节里我们已经介绍过，美国的司法系统采用的是对抗制。这是一个揭露事实真相的过程，原告和被告的律师或法律代理人通过唇枪舌剑的争辩，将事实曝露于法庭之上。

局外人一般以为，事实真相的揭露取决于庭审，其实这是一种误解。当双方的律师真正到法庭上准备辩护时，事实真相已经基本掌握。律师在庭审中只是把掌握的事实真相，呈现在法官和陪审团面前而已。大量的调查工作是在庭审前进行的，取证是审前调查的重要步聚。取证是通过对方的律师盘问己方的证人，或己方的律师盘问对方的证人来实现的。在取证中，只有盘问方的律师有发言权，被盘问方的律师只有抗议权，没有辩护权。

尽管我做了大量的具体工作，但是由于我缺乏临场经验，我方律师决定让我的处长出庭作证。为应对取证，我向处长详细地介绍了我所作的工作，以便他在取证中能够回答对方律师提出的问题。对方的律师在专家的出谋划策下，会对我方的证人提出各种刁钻的问题，我们必须小心提防。

我作为旁听者出席对处长的取证。取证进行得还算顺利。可是当对方律师询问处长某一个技术细节时，处长一时语塞答不上。他尴尬地答道，"具体工作是由老乔做的，我不太清楚。"

我不由自主地冲着处长点点头，表示我已经作过研究，可以回答"是"。按照规定，取证时只有处长和双方的律师可以开口说话。其他人一律免开尊口。我方的律师看到我的表情和动作，笑着说道，"乔博士在那儿直点头。乔博士对这一结果作过仔细的检查，没问题。"对方律师表示认可，没有找茬默认了我的回答。这一段小插曲被记录员记入档案。

取证结束，人们开始陆续离开会议室。只见坐在我身旁的副部长在起身之前拣起一只被人遗忘的饮料罐拿在手里。我方的人员自然而然地围着副部长谈论起当天的取证和下一步的工作。大约一、二十分钟以后，我们的讨论才结束，副部长才得以把那只空饮料罐扔进垃圾箱。公共场所的卫生和整洁靠大家自觉地维护。尽管我们的办公室和会议室有专人打扫，但是人们已经养成习惯，当官的也不例外。

2003 年新的一轮选区重划为共和党在 2004 的大选中带来巨大胜利。共和党夺得 32 席联邦众议员中的 21 席，这是 100 多年来得州共和党第一次在联邦众议院中议员人数超过民主党。依仗着选区的有利条件，共和党得票只有 59.7%，却获得 65.6% 的席位。这一趋势一直影响到 2010 年。共和党的得票率保持在 53% 到 68% 之间，席位却保持在 59% 到 72% 之间。在州的参众议员选举中，共和党从 2004 年开始牢牢地掌握多数党的地位。到了 2010 年，共和党夺得州众议院 150 席位中的 99 席，占 67.3%。参议院中 31 席中的 19 席，占 61.3%。

政治形势常常是风水轮流转，三十年河东四十年河西，两党交替执政没有定数。但是有一点是肯定的，今后无论哪个党占上风，多数党一定会竭尽全力挤对对手。

德雷在选区重划中贡献卓著，为得州共和党的胜利立下汗马功劳。不仅如此，他还是一位筹款高手。为了使得州的共和党夺得天下，德雷使出浑身解数为得州的共和党竞选筹措资金。2004 年的选举中，德雷主管的"为共和党成为多数党的美国人"

组织为候选人提供近百万美元的捐款。得州共和党在联邦众议院的团队空前地团结和高效。

德雷在 2002 年做了一件日后为他造成巨大麻烦的事情。他将一笔 19 万美元的公司捐款转到共和党全国委员会的帐户上。几乎与此同时,他又从这一帐户上取出 19 万美元,直接给了七位得州众议员候选人帮助他们竞选。得州的法律规定,公司的钱不能直接用于竞选。但是党的全国委员会可以合法地资助竞选候选人。德雷将捐款转入全国委员会的目的是掩盖资金的真实来源,这种行为应该算作洗钱。洗钱是重罪,一旦罪名成立,至少要在监狱里待几年。德雷为共和党重掌天下劳苦功高,却深深地得罪了民主党。2005 年,德雷被控犯有洗钱罪而受到审判。由于官司缠身,他不得不辞去众议院议长的职务。2010 年 11 月,陪审团裁决德雷有罪,法官判处他入狱三年和十年释后监管。

他在法庭上的辩护很有个性。他的律师狡辩说,法律上规定公司的资金不得直接交给竞选候选人,但是他给竞选候选人的是支票①不是资金。这一辩护不是很给力,陪审团没有听信他的律师,裁定德雷犯有洗钱罪。他在奥斯汀受审必输无疑,因为该地区是民主党的老巢,陪审团是否受民主党的影响永远是个迷。德雷报怨说,对他的指控是政治迫害。巧的是,把他告上法庭的检察官是民主党人。该案件是否是民主党的报复,仁者见仁智者见智。

---

① 资金的英文是 Fund,支票的英文是 Check。

激战再现 （2011）

　　2011 年的得州选区重划工作从某种意义上说，早在 2008 年以前就已经开始了。得州立法委员会多年前已经着手建立数据库为选区重划做准备工作。2011 年新年伊始，人口普查局开始分批公布各州的人口普查资料。3 月初，得州的人口数据正式公布，立法委员会和司法部立即开始数据分析工作。

　　选区分析和选区重划需要对三种人口资料进行分析。首先是总人口。总人口包括所有的人，从刚出生的婴儿到七老八十（甚至超过百岁）的老人。联邦众议员的名额是以总人口分配的。第二种人口是投票年龄人口。在总人口中，只有年满 18 岁的公民才能投票选举。有的地区老年人口占多数，而有的地区年青人和小孩子占多数，尽管两地区的总人口数相近，但是有权投票的人口数可能相差很大。在分析选举结果时，投票年龄人口无疑比总人口更为合适。

　　得州的移民占了很大的比例，他们大多是来自墨西哥的拉丁裔。在正常情况下，持有绿卡的移民需在美国居住满五年后可以申请成为美国公民。由于各种不同的原因，许多绿卡持有者不愿申请成为美国公民。这些人尽管达到了投票年龄却不能投票。在有些地区，投票年龄人口和投票公民人口相差甚大。

　　美国人口普查局每年对达到投票年龄的公民人数进行抽样调查，由于这种调查是小规模的调查，所以是分区进行的，每年公布的数据是综合五年来抽样调查的结果。例如，2009 年公布的投票公民人口资料是根据从 2005 年到 2009 年五年来的抽样调查综合而成的。

人口普查局发给民众进行普查的表格含有多项信息，包括姓名、住址、出生年月和工资收入等。种族[1]是一项重要的内容。种族一般侧重于生理方面的特征作为划分的依据，如肤色、发色、眼色、头型、面型、鼻型和血型等体质特征。登记表格上有以下几个大的选择栏目：白人、黑人、印第安人/阿拉斯加人、亚洲人、夏威夷人/太平洋岛人和其他人种。由于亚裔人口近年来在美国增长得很快，人口普查局对亚裔人口格外关注，亚裔栏内还分为华裔、日裔、越裔、韩裔和菲裔等。2010年人口普查显示，美国有72%的白人，13%的黑人和5%的亚裔。

在填写种族时，约有3%的民众选择了两项或两项以上的选择栏目。例如，有人自称既是白人又是黑人，或者黑人和亚洲人。有的人甚至选择更多，如有人说自己既是白人也是黑人和印第安人。这些人是两个或者两个以上种族的混血后裔。

与种族分类密切相关的另一种分类叫做族群[2]，它更强调语言和文化方面的社会认同感。拉丁裔人是一个特殊的人群，在美国占有重要的地位。拉丁裔指的是从拉丁美洲国家移居到美国的说西班牙语的人。他们是欧洲人与当地印第安人通婚的后裔。在拉丁裔族群人中，有的人是黑人，有的人是棕肤色人，有的人是绝对的白肤色人。从外表上看，他们的肤色、发色和面貌相差十万八千里，但是他们却有认同感，因为他们共享西班牙的文化背景，或多或少地带有西班牙人的血统。

如何将这些复杂的选项清晰地划归我们日常说的白人、黑人、拉丁裔、亚裔和其他裔呢。在分析研究中，划分种族和族群遵循以下原则：当填表人只选择白人一项选择栏时，该填表人记为白人。只要填表人选择黑人一项，无论他另外选择何项，该填表人记为黑人。其余的人，如果填表人选择拉丁裔人，那

---

[1] 种族，Race。

[2] 族群，Ethnicity。

么该填表人记为拉丁裔人。剩下的人中，如果有人选择亚裔栏，那么该填表人记为亚裔。其余的人归类为其他种族。

2011 年 5 月，得州议会开始进行选区重划，对得州的教育选区、得州参议员选区、得州众议员选区和联邦众议员选区共四个权力分配图进行更新。教育选区共分 15 个选区，全州选出 15 位教育委员会委员，管理得州的中小学教育。因为选区数量较少，每个选区涉及的区域较广，使得压缩和稀释对方票源的空间相对小一些，所以争议不算太大。议员们共提出 20个方案，很快确定了最终的方案。其他三个权力分配图的出笼却经过一番大周折。尤其是州众议员选区的重划，共提出过100 多个正式的方案。

如何来评判选区重划图呢？选区划分是否合理的关键是客观性，有四个方面需要考虑。首先是选区中的利益团体。居住在同一个选区里的选民们是否存在严重的利益冲突。第二个方面是代表的公平性。各党派和各族裔是否有相应的代表。第三个方面是选区的划分是否具有合法性。最后一个方面是选区是否紧凑。如果选区的形状稀奇古怪，十有八九有问题。目前，判断是否紧凑比较通行的标准有以下几种。

第一个是周长和面积的比率。一个地区的周长与面积之比越小，说明选区划分的越圆，越接近正常。如果这一比值超过一定的数值，说明该地区有不公正划分的嫌疑。第二个是地区的面积与该地区最小外接圆面积之比。所谓最小外接圆指的是，在该地区外划一个圆，使得地区内的区域都包括在这个圆里面。该比值应该越大越好，如果是 1，说明该地区是个圆形。第三个是地区的面积与该地区按凸包法计算的面积之比。凸包法计算，说得简单一点，是把一根橡皮筋套在该地区外面所形成的地区。这一比率也是越大越好。如果是 1，说明选区划分得接近于圆。有了这些比较客观的指标，评判一个选区重划是否得当有了一些科学依据。当然实际生活中，情况要复杂得多，不是几个指标就可以衡量的。

每一个重划方案提出后，州司法部立即对新方案进行分析。这些分析包括总人口的分布情况，投票人口的分布情况和公民投票人口的分布情况。为了能及时完成分析任务，我们一周七天每天 24 小时全天候待命。计算机技术的发展，为我们的分析带来便利。我们不需要像十年前那样轮流值班、吃饭和睡觉都在办公室里。我们下班照样回家，周末照样休息。如果有任务来了，我们只需打开家里的计算机，进入单位的计算机系统，在家里发出计算机指令，分析完毕后把结果放在局域网上，做到工作休息两不误。

拉丁裔选民的分布情况是分析的一个重点。得州选民在选民登记时并不要求填写种族类别，那么如何识别拉丁裔选民呢？拉丁裔人的姓氏很特别，外人能够猜出一二。其他种族的人也有类似情况。来自中国大陆的人姓 Zhang（张），Zhao（赵），Zhu（朱）的挺多。来自台湾的人拼写却不同，"张"往往拼写成 Chang，"赵"拼写成 Chao，而"朱"拼写成 Chu。

选区分析还包括与目前划分的选区（即２００３年划分的选区）进行比较，少数族裔选区中的人口结构有什么变化。最重要的分析是预测分析，根据往年投票的结果，预测新划分的选区内的选民会如何投票。这一分析的原理在前面的章节中已经介绍过了。分析关注的重点是少数族裔候选人在将来选举中得票的情况和选区中的少数族裔会如何投票。重划选区时，有些选区刻意划为少数族裔选区。这些选区的选民是否能够选出少数族裔的候选人，是划分选区者关注的重点。如果根据预测，在少数族裔选区中，少数族裔的候选人不能胜出，那么该选区将来肯定会有争议，应该做适当的调整。

2011 年 6 月，得州议会完成选区重划工作。联邦众议员选区是两党争夺的一个焦点。得州由于人口的高速增长，比 2000 年增加了四个席位，由 32 席变成了 36 席。在重划的选区中，增加的四个席位没有一个被分配给少数族裔。这样的安排对于少数族裔似乎不太公平。

预测某个选区在未来的选举中的结果，是基于过去的选举情况。如果该选区在以往的选举中选出共和党候选人，那么该选区可以基本上视为是共和党的势力范围。如果该选区过去曾选出过少数族裔的候选人，该选区可以作为少数族裔选区。媒体一般用 2008 年选举总统的结果作为参考。其实，以 2008 年大选和 2010 年中期选举时总统和全体州级官员选举的结果作为依据更为合理，因为后者是以多名候选人的投票为参考，可靠性更大一些。

根据这种方法的分析，在重划的联邦众议员选区中，共和党可能拿下 26 个席位，民主党只能获得 10 个席位。最坏的情况下，民主党只能夺得 7 个席位。得州首府奥斯汀市原本是民主党的大本营。如果将该市所在的县作为一个选区的话，选出一位民主党联邦众议员应该不会有问题。可是，2003 年的选区重划中，该县被分割成三小块，每块小区中的民主党均成为少数，无法与共和党抗衡。在 2011 年的选区重划中，共和党做得更绝，该县被分割成五块小长条，其形状像小孩子玩的风车轮。每一小块地区分属于五个与该县接壤的共和党选区。在这五个选区中，民主党的小块地区成为了少数，民主党候选人没有胜出的希望。

特拉维县被第 10、17、21、25 和 35 五个选区瓜分，稀释民主的选票比上一次的选区重划更为严重。新的选区图开辟了一个拉丁裔的选区，从奥斯汀市一直延伸到数十英里以外的圣安东尼奥市。这一安排将使民主党的两位候选人自相残杀。

其中的一位民主党人是现任联邦众议员道吉特①。他对报界说，此次的选区重划方案是个"无耻的大阴谋，损害了一个完整的社区。"共和党人乐见这位民主党联邦众议员落选。1981年，民主党把持的得州议会在重划联邦众议员选区时，千方百计地挤对共和党。在谈论此事时，正是这位道吉特先生当年对《达拉斯先驱时报》说，"如果我们能够帮助民主党的联邦众议员，我们自然会当仁不让。"共和党对此耿耿于怀，30年后翻出老帐。真是人算不如天算，现在该他鸣冤叫屈了。

教育选区共有15个席位，共和党在11个选区占了优势，民主党占优势的选区只有四个。在31个州参议员的选区中，共和党占优势的选区有21个，而民主党只在十个选区中占到优势。最坏的情况下，民主党可能只获得八个席位。2008年和2010年的选举中，民主党夺得12个选区。

在150个州众议员的选区中，共和党的优势则更加明显。共和党可以获得102个席位，民主党只能拿到48个席位。在最坏的情况下，民主党仅能取得36个席位。

对于这样的选区重划方案，民主党和少数族裔团体非常不满，他们强烈抨击共和党控制的州议会。得州的人口增长归功于少数族裔的增长，由于这一增长，得州获得了额外的四个联邦众议员席位。但是，得州议会竟然把四个席位全部分配给了白人，少数族裔选区没有任何增加。

而共和党占多数的州议会则回应道，拉丁裔人口确实有明显的增长。但是他们居住得太分散，无法专门为他们划出更多的选区，而且拉丁裔选民并不一定投民主党的票。况且，白人也不一定在投票中抱成团只投共和党的票。拉丁裔人口占得州的总人口近40%，这是事实。但是有权投票的拉丁裔人口仅点

---

① 劳埃德•道吉特（Lloyd Alton Dogget, 1946），得州民主人，联邦众议员。

20%左右，重新划分的选区中，拉丁裔选区的分配反映了这一人口情况。

得州的选区重划方案必须经过联邦司法部的批准通过。如果联邦司法部不批准，得州面临两个选择，第一个选择是修改选区重划方案，争取得到联邦司法部的批准，另一个选择是向华盛顿联邦地区法院提出诉讼，通过法院来批准选区重划方案。上世纪六十年代初肯尼迪和约翰逊入主白宫，民主党人曾一度主持联邦司法部。此后，选区重划方案的审批均由共和党人把持的联邦司法部审批，得州的共和党受益非浅。但是风水轮流转，2011 年的选区重划时，联邦司法部长由民主党人担任，得州的共和党失去来自联邦政府的暗助，遇到不少麻烦。

得州自知此次选区重划的方案不可能得到联邦司法部的首肯，所以于 2011 年 7 月 19 日直接将选区重划方案送交法院，交由联邦法院裁决。对于共和党人来说，此举证明是明智的。因为，从联邦司法部收到得州的选区重划方案到决定是否批准至少需要一个多月的时间。得州的选举迫在眉急。得州的共和党人选择诉讼途径，使进程至少提前一个月，为大选的准备工作赢得宝贵的时间。

州司法部的职能之一是充当州政府的律师，如果州政府的任何部门涉入法律诉讼，均由州司法部作为其律师进行辩护。因此，司法部投入巨大的人力和物力为诉讼做准备。正当得州全力以赴准备在华盛顿联邦地区法院与联邦司法部进行较量时，人权组织、少数族裔团体和民主党等十多个组织，分别向位于圣安东尼奥市的联邦地区法院提出诉讼。为了方便起见，法官将多个诉讼案合成一个大诉讼案一并审理。

这样一来，得州司法部处于两条战线同时作战的境地。虽然两个联邦地区法院的诉讼都是关于选区重划的问题，但是问题的性质有所不同。华盛顿联邦地区法院将对少数族裔的选举权是否受到损害的问题进行裁决,而圣安东尼奥联邦地区法院将对得州是否需要增加少数族裔选区的问题进行裁决。

圣安东尼奥联邦地区法院决定 2011 年 9 月 6 日开始庭审。法官们深知围绕选区重划的斗争将会旷日持久,下令案件的终结日期为 9 月 16 日。如果双方无法妥协达成一致,法院将代劳对选区进行重划,为迫在眉睫的初选拟定选区。因为候选人申报参选的截止日期是 12 月中旬,无休止的争论必然会影响选举。

得州百分之八十的法院还没有配备无线网络,圣安东尼奥地区联邦法庭审理案件时,双方的律师和技术人员需要使用先进的电子技术与自己的大本营保持联络。例如,对方的律师提出一个论点,为了驳斥对方的论点,我方的律师需要我们做数据分析。接到指令后,我们在办公室里立即开始工作。分析完毕后,我们将分析结果用电邮的方式发给我方的律师,我方的律师迅速准备好辩词,在法庭上针锋相对,以事实驳斥对方的论点。为了使我方的论点更有说服力,我们需要大型的投影仪展示研究分析的结果,所有这些离不开计算机和网络的支持。

得州的诉讼团队召开了联合会议进行协调。计算机处负责在法庭上布置一套计算机和投影仪供我方律师使用。我们处负责数据分析任务,在庭审期间及时处理律师提出的分析要求。法院没有打印和印刷设备,如果我们需要打印或者制图,只好由我们在奥斯汀市完成,然后交给专递信使驱车 60 多英里送到法院。

会议上,主持此次诉讼的副部长要求各单位的人员尽量减少外出度假,以便及时处理随时可能发生的紧急情况。不巧的是,数月前妻子的闺密定好在 9 月上旬从中国来我家小住。我和妻子准备陪她和她的家人到奥斯汀周围的几个城市去旅游。

现在改期已经来不及了，我担心副部长会以工作第一为由拒绝我的请假。

谁知副部长只是无奈地对我说，"嘿，你妻子的朋友来的真不是时候。"他接着说，"不过人家这么大老远的从中国到你这儿来，只好准你的假。你能不能在外出旅游期间保持与处里的联系。万一需要帮忙，你辛苦一点，在夜里上网做分析，可以吗？"

在美国没有"工作第一，生活和家庭第二"的说法。工作再忙，该休假时照休假，该与家人团聚时照样团聚，这样的理念休现人情味。

处长接上话茬说，"部里可以借给他一台公用手提电脑，无论他走到哪里，只要有英特网，他可以远程操作，直接进入我部的计算机系统进行数据分析。"

"好主意，"副部长赞同道。

其实我可以携带自己的笔记本电脑。借给我公用计算机是为了数据安全。得州政府部门的所有计算机（无论台式的还是手提式的）均安装加密软件，没有密码无法使用计算机。如果公用计算机丢失或者被盗，我们不用担心泄密的问题。以前曾发生过政府官员丢失计算机，造成大量机密外泄的事故。现在再也不用担心此类事故的发生。后来，当我陪同妻子和她的朋友外出旅游时，每天晚上通过英特网进入我部的计算机系统，查看是否有分析要做，有几个晚上还真的很忙。

尽管司法部对重划选区的案进行各种分析，但是此案事关重大，聘请闻名的专家到法庭上作证更有胜算的把握。州司法部聘请三类专家：第一类是人口学专家，负责分析得州人口增长的情况；第二类是社会科学家，负责分析得州的社会情况；第三类是政治学专家，负责选举的科学分析。政治学专家是得州一所名牌大学里的两位政治学教授，两位教授在该领域里小有名气，曾多次在法庭上作为专家做过证。

为了备战庭审，司法部的律师团队需要与专家们会面商讨。两位政治学教授清晨从外市驱车300多公里赶来开会，会议从早晨8时一直开到中午12时。他们马不停蹄地到我们处与我们讨论有关数据分析的技术问题。他们首先要求我们提供有关的数据，然后介绍他们所用的数学分析模型和分析所用的软件。通过他们的介绍，我们了解到在网络上可以下载一种计算机软件。这一软件和以它为基础的统计分析软件是免费的，是由许多热心的数学家、统计学家和计算机学家联手编写的。通过他们的指点，我们学习掌握了最新的分析手段，对我们今后的工作不无益处。时间不知不觉地过去。教授们看了看表，表示不得不告辞，因为副部长与他们约定的见面时间到了。

我关切地问道，"你们吃过午饭了吗？"

他们摇摇头说，"我们的上一顿饭是早晨5点钟离家时吃的早餐。"

我接着问道，"你们何时吃中饭呢？"

处长接着说道，"州政府最抠门。看来你们二位的午餐没着落了。"

两位教授无奈地点点头说，"没事，我们与州政府打过交道，有思想准备。"

就这样，两位教授又与副部长开会讨论，直到晚上5点多钟才离开奥斯汀赶回他们的城市。两位教授为州政府工作可以在这场官司中挣些外快钱，但是这些钱挣得并不容易。令人费解的是，他们作为州司法部聘请的专家到司法部开会，竟然连一顿午餐都没有人张罗，甚至在时间安排上没有人关心和考虑他们的休息，这样的辛苦只有了解内情的人才能体会到。

人权组织和少数族裔团体对新选区图的指责是，少数族裔的选举权受到损害，无法选出他们所中意的候选人。得州的共和党人反驳说，50 年以前少数族裔一直受到不公正的待遇是不争的事实。然而，经过 50 年的平权运动，美国的少数族裔的政治地位有了明显的改善也是不争的事实。2008 年美国选出第一位黑人总统，标志着美国的少数族裔政治地位有了翻天覆地的变化，而选出黑人总统不是靠重划选区实现的。这一论点是对选举权法的有力挑战。

2013 年 6 月 25 日，最高法院推翻了 1965 年通过的《选举权法案》第四款。这是一项旨在保护南方部分州的少数族裔投票权的关健条款，南方部分州在选区重划和改变选举法时必须通过预审。最高法院推翻该条款后，预审将不必进行。联邦司法部多年来以此条款作为工具，以保证少数族裔能够选出他们的代表。最高法院取消该条款后，许多人担心美国会退回到1965 年以前，少数族裔的选举权得不到保障。国内的不少官方媒体网站、门户网站和论坛发表危言耸听的消息，称美国某州取消黑人选举权，各方反应强烈。

其实这是误解。选举权问题涉及两方面：第一方面是投票权，第二方面是代表权。投票权讲的是选民们是否能够不受阻碍地进行投票，代表权讲的是部分选民是否能够选出他们的代表。明目张胆地取消部分选民的投票权已为美国人所不齿，但是在如何使部分选民（主要是少数族裔）能够选出自己的代表却有很大的空间。最高法院的最新裁决对少数族裔肯定不利，但是今后将会产生多大的影响目前还不得而知。

少数族裔靠白人的选票胜选的例子大有人在，他们的当选与所属的党派有关而与是否是少数族裔没有多大干系。得州共和党历年来有五名少数族裔候选人。他们在 2004、2008 和2010 年的选举中竞选州级官员（州铁路署署长和州最高法院法官），分别击败民主党的白人候选人。他们的选票主要来自白人，占白人选票的 70%到 80%。而被打败的民主党白人候选人只获得白人选票的 20%到 30%。民主党白人候选人的票源主要来自少数族裔，几乎 100%的黑人和 89%到 100%的拉丁裔人投他们的票。选举中，种族和族裔的界线完全被打破，白人投黑人和拉丁裔候选人的票，而黑人和拉丁裔人投白人候选人的票。

那么在共和党胜选的官员中，少数族裔候选人与白人候选人的得票是否相当呢？在 2004、2008 和 2010 年的选举中，共和党的小布什、联邦参议员柯宁[①]和州司法部长艾伯特[②]分别是当年共和党人中的最高得票者。他们分别获得 78%、76%和 83%的白人选票。从统计角度讲，五位共和党少数族裔候选人从白人选民中获得的选票与三位共和党最高得票者并无显著的差别。

这一事实说明，在得州的选举中，候选人的种族和族裔并不重要，起决定作用的是他们的党派归属。五位共和党少数族裔候选人的当选依靠的是来自白人选民的支持。只要是共和党人，无论候选人是白人还是黑人或拉丁裔人，他们都能获得白人的支持。反过来，只要是民主党人，无论候选人是白人还是少数族裔，他们都能够得到黑人和拉丁裔人的支持。归根结底，选民们投票以党派划线，而不是以种族和族裔分类。

得州选民在大选时，可以选择只投某个政党候选人的票，我们把这种投票叫做"一党票"。选民可以把选票只投给自己喜欢的政党。在选票的上方，有"一党票"的选择：民主党、共和党和独立党派等。如果一位选民选择民主党"一党票"，

[①] 约翰·柯宁（John Cornyn, 1952），共和党人，联邦参议员，曾任得州司法部长。

[②] 格雷格·艾伯特（Gregory Wayne "Greg" Abbott, 1957），共和党人，现任得州司法部长。

那么所有的民主党候选人均获得一票。如果另一位选民选择共和党"一党票",那么所有的共和党候选人得到他的一票。

得州最大的三个城市圣安东尼奥市、休斯敦市和达拉斯市分别坐落在三个县里。2010年选举,该三县有63%以上的选民投了"一党票",有六成以上的选民在选举中只关心候选人的党派,以党派划线。那么投"一党票"的是哪些人呢。黑人占90%的地区里,有84%的选民把"一党票"投给民主党候选人。拉丁裔占90%的地区里有50%的选民把"一党票"投给民主党,只有9%的选民把"一党票"投给共和党。在白人占90%的地区里,约有一半选民把"一党票"投给了共和党,投给民主党的"一党票"只有8%多一点。从这一事实可以看出,少数族裔更多地投"一党票"。

如果用统计模型来预测的话,有53%的白人将"一党票"投给共和党,8%的白人对民主党投"一党票"。92%的黑人把"一党票"投给民主党,只有1%投"一党票"给共和党。拉丁裔中,50%的选民投"一党票"给民主党,9%投"一党票"给共和党。可以看出,选举投票时选民似乎以党派划线,对候选人是否是少数族裔并不看重。民主党和共和党有少数族裔的候选人,也有白人候选人。那些投"一党票"的选民在乎的党派,而不是某个候选人的种族和肤色。

那么在党内,候选人的种族和族裔是否影响胜选呢?在2004、2008和2010年的共和党初选中,少数族裔很少有人出来投票,是否胜选完全依靠白人选民的选票。2008年共和党初选中,三位少数族裔候选人没有受到白人的挑战,毫无悬念地胜出。在2004年的初选中,一位少数族裔候选人击败白人候选人胜出。不过在2010年的初选中,这位少数族裔候选人败给一位白人候选人。可以说,在共和党的初选中,少数族裔候选人胜多败少，至少是有胜有负，所以少数族裔无法选出中意的候选人的说法似乎缺乏确凿的根据。

既然人权组织和少数族裔团体指责重划的选区图损害少数族裔的投票权力，那么如何修正使得重划的选区图更容易得到对手的认可是关注的重点。对于明显有争议的个别选区，应该增加多少少数族裔的选民，可以使该选区能够选出少数族裔候选人，是一个不得不考虑的问题。例如得州重划的联邦众议员选图中，有一个选区颇有争议。该选区中，黑人约占总投票人口的 6%，拉丁裔约占 45%。为了确保少数族裔的候选人胜出，假设该选区周围的少数族裔与目前该选区中的选民投票倾向相同，那么黑人的投票人口增加到 9% 至 24%，或者拉丁裔的投票人口增加到 48% 至 67%，就可以保证少数族裔候选人胜选。这种分析为决策者考虑修改重划的选区图提供有价值的参考。

在诉讼中，结为联盟的少数族裔团体和人权组织聘请专家为他们作证。对于这些专家所做的分析进行核查很有必要。如果发现他们的分析结果存在错误，无疑对我方有利。更重要的是对专家的背景调查，核查他们曾为哪些案件做过专家证人，特别是他们是否为少数族裔和人权组织的对立面做过专家证人。如果他们在历史上曾经这样做过，那么他们证词的可信度会受到质疑。一位专家今天可以为少数族裔作证，明天又反过来为少数族裔的对立面作证，他们的证词肯定会自相矛盾。一般情况下，专家从第一个案件开始已经站队，不会今天为一方作证，明天又反过来为另一方作证。

圣安东尼奥地区联邦法院的庭审中，得州聘用的专家相继出庭作证。最后一位出庭的是那位政治学教授。他承认，他会建议得州议会不要对原有的联邦众议员第 23 选区进行变动。他说如果换作他，他是不会这样做的，因为变动会引起争议。该选区中投票率高的拉丁裔社区被割除，换成投票率低的拉丁裔社区，所以该选区将选不出少数族裔的候选人。尽管得州的拉丁裔人口增加，但是联邦众议员选区图中拉丁裔选区并没有增加。得州聘用的专家，在法庭上承认得州议会通过的选区重划图存在问题，这样的证词对于得州是极不利的。但是，这又说明专家讲的是老实话。相对整个重划的选区，得州在一个选区上失利并不意味着整场官司的失利。

9月16日圣安东尼奥地区联邦法院审理结束，法官并未对诉讼进行裁决。法官们决定等待华盛顿地区联邦法院的裁决。圣安东尼奥法院的战事进入僵持阶段，人们静等着华盛顿法院的动静。

在华盛顿联邦地区法院上，联邦司法部民权局的官员在沉默了很长时间后，终于在9月19日开口说话。联邦司法部指责得州议会的选区重划图违反了选举权法第五款，没有对迅速增长的拉丁裔人口给予足够的考虑。他们批评得州说，教育委员选区和州参议员选区的重划方案基本可行，但是联邦和州的众议员选区重划图存在着问题，少数族裔的选举权力没有得到保护。

2005年末，华盛顿邮报报道说，联邦司法部里的六名律师认为德雷策划的得州2003年联邦众议员选区重划为共和党赢得额外的席位，严重违反了选举权法。可是，联邦司法部里的高层否决了这些律师的意见。当时的联邦司法部长是共和党人。此次联邦司法部的专家又一次得出相同的结论，而联邦司法部的高层是由民主党奥巴马总统提名任命的，自然乐见其行。

得州必须在法庭上证明此次的选区重划图既没有歧视少数族裔的动机，也没有歧视少数族裔的后果。根据法律规定，举证方在得州，而不是在联邦司法部。得州司法部长为得州辩护道，重划的选区中，少数族裔是否在投票公民人口方面形成多数，不属于选举权法第五款预先核准范围，联邦司法部无权干预。而联邦司法部反驳说，选举权法第五款规定少数族裔能够选出他们中意的代表，不是通过简单地计算少数族裔的人口就能达到目的的，而是要求对选区进行一系列的科学分析。以联邦众议员第 23 选区为例，该选区表面上看起来是个拉丁裔选区，拉丁裔的人口在该选区中占多数。可是，历年的选举资料却告诉我们，这个选区根本选不出少数族裔代表。该选区的划分是为了保护共和党的一位在任的众议员，拉丁裔候选人胜选的机会只有 40%，甚至更少，因为该选区中的拉丁裔人很少出来投票。联邦司法部指责得州用偷梁换柱和瞒天过海的障眼法，达到巩固自己政治地盘的目的。

庭审前的取证工作开始了。10 月中旬，联邦司法部的律师南下来到得州，对得州司法部的证人进行取证工作。我作为第一线的技术人员，为州司法部做了大量的数据分析工作，因此是对方律师取证的一个重要对象。经过十年的历练，我终于有了上场的机会。州司法部的副部长作为我的辩护律师，为我壮胆撑腰。如果对方的律师超越权力范围，副部长作为我方的律师可以为我解围。副部长是位久经沙场的老律师，有他在我身旁壮胆，我的心里踏实多了。

联邦司法部的律师与副部长挺熟悉，他们在其他案件中曾经打过交道。尽管联邦司法部和得州司法部在法庭上是敌对的双方，但是毕竟都是政府部门，彼此客气得多，不像我经历过的与私营公司的诉讼。有的私营公司聘用的律师咄咄逼人、语言尖刻，相当难缠。

取证的第一步是证人自报姓名、工作单位、职务、工作经历和学历。然后，取证律师向我说明取证的一些规定。由于我曾作为专家证人经历过取证和庭审，对方的律师对许多规定就不再重复。他只是强调一点，由于这一次的取证没有用摄像机，所以我的回答不能用点头或摇头来代替。根据我的经验，取证时一般会雇用专职的摄影师和法律速记员到场，对证人的证词进行录像、录音和速记。我估计此次取证联邦司法部没有雇用摄影师，可能是为了省钱。政府部门的经费常常捉襟见肘，所以能省则省。

进入正题之前，联邦司法部的律师问我是何时得知将对我进行取证的。按理说，如此重要的案件审理，我作为证人应该给予足够的时间来准备。可是不知为什么，我只是在星期五的下午才接到通知，告诉我下星期二联邦司法部将对我进行取证。而在周末和星期一，偏偏有非常紧急的任务要我去做，所以我根本没有时间对即将来临的取证做任何准备。

对于此次的取证，我非常担心。不过我们的律师似乎并不着急，看来他们对我挺有信心。任何事物都有两面性，没有充足的时间做准备是坏事，但是也未必不是好事。由于我没有时间为取证做准备，所以对有些问题我无法回答不是不可原谅的事了。

"乔先生，……"联邦律师正准备进入正题。

"不，是乔博士，"作为辩护律师的副部长助手打断对方的讲话。

显然，副部长的助手在我为壮声势，通过称呼加强我作证的力度。

"对，应该叫乔博士。我知道，你们处有不少博士，我应该都称你们为博士不会错吧，"联邦司法部的律师开玩笑道。

我们处平时与外界接触不多，在着装上并不严格，男士们平时很少扎领带穿西装。当我穿着西装扎着领带出现在取证室时，我浑身感到不舒服。不知为什么，我的嗓子突然不争气地出了毛病，咳嗽不止，取证工作不得不暂停。我方在场的人员急坏了，有的给我找水喝，有的建议我解开领带和脱去西装，忙活了一阵才继续进行取证。

"乔博士，请看这些表格。你熟悉吗？"联邦律师问道。

"是的，这是关于得州众议员第 X 选区的分析表格，"我回答说。

"这些分析是你做的吗？表格是你打印的吗？"

"分析的程序是我编写的，但是谁运行了计算机和谁打印了这些表格，就不得而知，"我答道。

"为什么呢？"

"这是因为，我编写的计算机程序运用起来很方便，我们处里的其他几位同事可以启动计算机进行分析和打印结果。"

"你对这一选区的分析结果了解吗？"

"很抱歉，我不是很了解。我编写计算机程序时，我研究过计算结果。当我确定计算机程序准确无误以后，我就不再检查结果。分析结果都是由我们的处长和另一位同事检查的，因为他们在分析选区重划方面更加懂行。我的主要工作是编写计算机程序，运行那些程序。"

"如果我告诉你，在第 X 选区的分析中，你们舍去了 20% 的计票区，你会感到吃惊吗？"

这是一个非常严重的问题。如果我们的分析仅仅基于 80% 的计票区，分析的结果很有可能出现偏差。我们为什么会舍去一些计票区呢？这是由于重划的选区与过去的计票区不吻合造成的。

计票区是统计选票的最小单位。计票区的设定基于选区的划分。目前的计票区是根据上一次大选所采用的选区划分。我们前面已经讲过，美国的大选的内容很多，有总统选举，联邦参众议员选举，州里的参众议员、州级、县级和市级官员的选举等等。有些职位的选举不涉及选区，如总统、联邦参议员、州长和州内的部长，选票是以州为单位计算的。但是有相当多的职位是按选区计票的。例如，联邦众议员的选票是以选区为单位的，得州有 36 名联邦众议员分布在相应的 36 个选区中，每个选区选出一名联邦众议员。得州的 31 名州参议员是以 31 个州参议员选区计票的，每个选区选出一名州参议员。州众议员和州教育委员的情况也是如此。

计票区的划定必须考虑到各种选区的划分。每一个计票区内的街区必须包括相同的联邦众议员、州参众议员和教育委员的选区。下面举例来说明这一问题。假设我们有以下 A 至 J 九个街区：

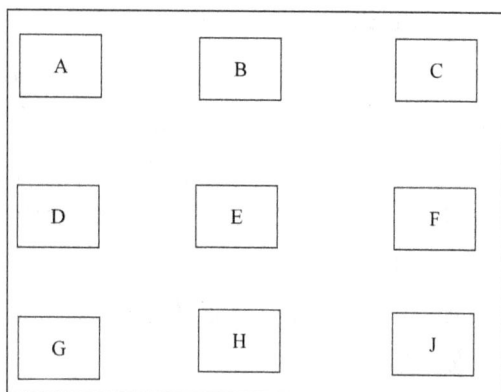

州教育委员的第一和第二选区划分如下：

州参议员第 11 和 12 选区的划分如下：

州众议员第 21 和 22 选区的划分如下：

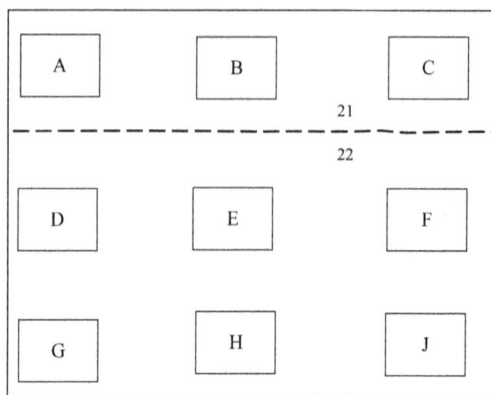

联邦众议员第 31 和 32 选区的划分如下：

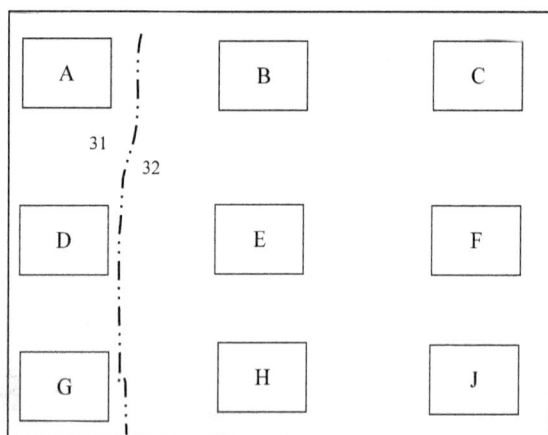

该地区的综合图如下：

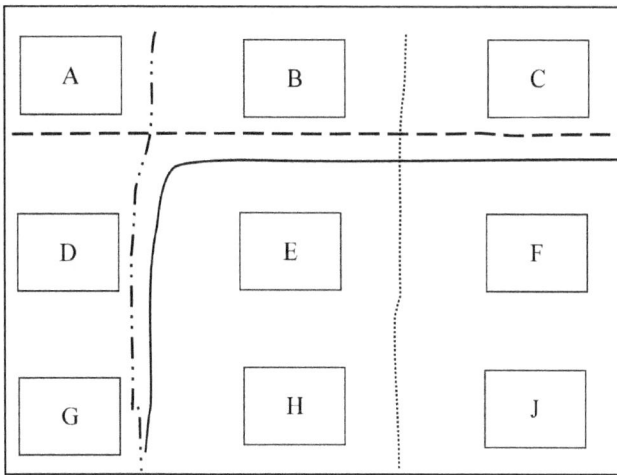

1	————	教委选区划分线
2	················	州参议员选区划分线
3	- - - - -	州众议员选区划分线
4	—··—··—	联邦众议员选区划分线

州教委第 1 选区有 A，B，C，D 和 G 五个街区，剩下的四个街区属于州教委第 2 选区。州参议员第 11 选区有 A，B，D，E，G 和 H 六个街区，剩下的三个街区是州参议员的第 12 选区。州众议员第 21 选区有 A，B 和 C 三个街区，剩下的六个街区是州众议员第 22 选区。联邦众议员第 31 选区有 A，D 和 G 三个街区，剩下的街区是联邦众议员第 32 选区。9 个街区必须有 6 个计票区，A，B 和 C 街区必须成为单独的计票区，因为它们分属不同的选区，合则选票无法汇总。D 和 G 街区可以合为一个计票区，E 和 H 街区也可以合为一个计票区，F 和 J 街区是如此。

当重新划分选区时，原有的计票区不可能与新选区吻合，所以常常出现原有的计票区被新选区分割的现象。这就给我们的分析带来麻烦。计票区是统计选票的最基本单位。我们所做的分析只能以此为单位。当一个选区中出现被分割的计票区时，我们采用"三分之二"法则，即如果计票区至少三分之二的人口落入某个选区，该计票区全部归该选区。否则舍去该计票区，不进入分析模型。

"我不知道有多少计票区被去除了，"我答道。

"那么是谁定的三分之二法则呢？"联邦律师问道。

"我不清楚是谁定的。我进入司法部工作时，该法则已经存在多年了，"我答道。"据我所知，这一法则从上世纪九十年代起已经开始运用了，"我补充道。

对于这问题我暗自叫苦。由于工作忙，我对于大量的分析报告没有做更深入细致的研究。这一选择方法经历了近30多年的考验，没有人对此提出过异议，我有点麻痹大意了。

"那么你对失去20%的计票区有什么看法呢？你们的分析还可靠吗？"联邦律师不失时机地步步紧逼。

"我不知道。我需要做进一步的研究才能回答你的问题，对不起。"在这种情况下，我不愿意轻易地肯定他的结论，但是我也没有证据反驳他的推论，我唯一能做的是把问题暂时搁置下来，待以后再说。

取证结束后，我立即做进一步的研究。结果发现，虽然从表面上看，我们把20%的计票区排除在外，但是这些计票区都是非常小的区域，选民很少。即使我们设法把那些计票区放入我们的分析，结果非但没有改进，反而使我们的分析更偏离实际。可惜，我没有机会向联邦律师讲明我们的发现。吸取此次教训，我编写新的计算机程序，增加有关计票区的取舍情况，以防再次遭到对方的指责。

此后，联邦律师问的是一些技术问题，我的回答还算令人满意，没有捅什么娄子。最后，副部长向我提出一个问题。当联邦律师问我一张表上的数据是哪一年的时候，我回答是2010

年。在我的印象中，那张表上的统计数据是根据 2010 年选举结果综合的。休息的时候我检查了我的笔记，发现我的记忆有错，随即向副部长说明了情况。

副部长对我说道，"乔博士，请看这一张表格。"

我们处的人员与部长和副部长很熟悉，称呼时从来不用姓和学位。显然，称我博士是为了在取证中强调我的学术背景。

"你前面说过，这张表上的数据是根据 2010 年的选举结果综合的，对吗？"

"对不起，刚才我记错了。这张表上的数据是根据 2008 年和 2010 年两次选举的结果综合而成的，"我回答道。

"我的提问完了，"副部长说道。

取证就这样结束了。副部长在取证结束前以提问的方式纠正我前面的错误。在取证中，我方的律师只有抗议权，没有帮我辩护的权力。唯一能做的是通过最后的提问使我有机会纠正在取证中讲错的地方。

2011 年 11 月 8 日，得州选区重划图的预先核准未能在华盛顿联邦地区法院通过，该法院认为得州没有采用适当的分析来衡量选区中少数族裔是否受到歧视。这一决定使得州在 2012 年大选中不能采用该州议会通过的选区重划图，只能采用由圣安东尼奥地区法院划的临时选区图。同时，这一决定也意味着得州选区重划图将通过更多的法律诉讼来解决争议。得州立即提出上诉，将官司打到华盛顿联邦上诉法院。

11 月 23 日和 26 日，圣安东尼奥联邦地区法院的临时选区图分别出笼。法院重划的选区图对于民主党和拉丁裔选民来说是个巨大的胜利。在新的选区图中，民主党可能获得联邦众议院的 13 个席位，比目前占据的九个席位多了四个。如果按照得州议会通过的选区图，民主党只能得到十个席位。虽然在法院划出的选区图中，民主党仍然占据劣势，但是相对于得州议会的方案，民主党的情形好多了。

选区图的变化使得一些政客不得不做出相应的对策。两名共和党议员被放入一个选区，其中的一位议员宣布退出竞选。在退选声明中，这位议员说道，选区重划使她对竞选失去兴趣。有一位议员过去曾是民主党，2010年投入共和党怀抱，成为共和党人。在得州通过的选区重划图中，共和党人企图力保他的席位，可是法院的选区图使得他胜选无望，他不得已宣布退出竞选。有的议员则准备搬家，进入有利于胜选的地区进行竞选。

得州司法部立即对圣安东尼奥联邦地区法院的选区图提出上诉。州司法部长抨击道，联邦司法部故意拖延时机，迫使得州不得不采用法院划定的选区图。12月9日，联邦最高法院下令暂停执行由圣安东尼奥联邦地区法院出笼的选区图。这一决定引起混乱。得州的初选迫在眉睫，而选区的重划仍然没有任何结果，候选人无法登记注册，所有的竞选工作（如拉票和筹款）无法开始。对于最高院的决定，得州的共和党则表示欢迎，因为如果圣安东尼奥联邦地区法院的选区重划图被拒的话，得州议会通过的选区重划图也许还有救。

2012年1月20日，最高法院对圣安东尼奥联邦地区法院的选区重划图做出最终裁决。最高法院的法官一致通过，否决了圣安东尼奥联邦地区法院划定的选区图。最高法院认为圣安东尼奥联邦地区法院应该根据得州议会通过的选区图进行重划。这一裁决对于得州的共和党来说，无疑是一个巨大的胜利。

最高法院裁决新的选区重划图必须以得州议会通过的图为蓝本。鉴于得州议会通过的选区重划图仍处于诉讼阶段，最高法院责成圣安东尼奥联邦地区法院制定出临时的得州选区图供2012年大选使用。在最高法院的指令下，圣安东尼奥联邦地区法院又一次开始划分选区图的工作。该法院要求诉讼的双方代表进行磋商，在 2 月 6 日之前达成协议，否则 4 月 3 日的初选无法举行。共和党与少数族裔团体的谈判破裂，大家不欢而散。2012 年 2 月 28 日，圣安东尼奥联邦地区法院的三名法官公布第二波次的选区重划图。

在这一波的选区图里，共和党明显占了优势。联邦众议员选区图中，如果选举发生在 2010 年的话，共和党可以在 25 个选区中获胜，而民主党只能夺得 11 个席位。共和党比民主党多了 14 个席位。在得州参议员选区图中，共和党在 21 个选区中占优势，民主党只能在十个选区胜选。在得州众议员选区图中，共和党的胜算就更大了，估计可以夺得 102 个席位，民主党仅可获得 48 个席位。在这些选区图中，选情不定具有竞争性的选区寥寥无几。大多数选区不是共和党人超过 60%就是民主党人超过 60%，甚至出现民主党选民近达 88%的选区。这样的选区，该党想丢掉席位都难。但是，这样的选区也使该党浪费了票源，造成在其他选区的失利。2012 年的大选证明了以上的预测。

民主党联邦众议员道吉特被划入共和党占主导的选区。这一结果与得州议会通过的选区划分图差不多。不过，道高一尺魔高一丈。道吉特马上搬入另一个选区，在新的选区里竞选联邦众议员席位。2004 年，这位众议员的选区从奥斯汀市一直延伸到墨西哥边境。他搬了家，2006 年进入新的选区。六年之后，他又面临尴尬境地，不得不再次搬家，以便进入有利于胜选的选区。道吉特无奈地说道，"这就是州长的目的，让我不停地搬家，不停地变换选民，使我的邻居无法参加选举。"

2012 年 8 月 29 日，华盛顿联邦上诉法院对得州关于选区重划图的上诉做出裁决。上诉法院支持联邦地区法院的裁决，得州的四个选区重划图中的三个遭到否决。联邦众议员选区图和得州参议员选区图有歧视少数族裔的目的，有证据表明得州众议员选区图歧视拉丁裔、非洲裔和亚裔选民。三位法官一致认为，得州没有根据选举权法第五款规定，证明选区重划图不存在对少数族裔的歧视。负责审理此案的三名法官中，有两名是共和党总统提名任命的，另一名是民主党总统提名任命的。尽管他们分属不同的党派，但是在得州选区重划图的问题上，他们能够摈弃政治异见，得出一致的裁决。

华盛顿联邦上诉法院的判决对于得州2012年的大选没有任何影响，因为无论法院如何裁决，2012年的大选将采用圣安东尼奥联邦地区法院重划的选区图，已经成为铁定的事实。但是，这一裁决对于共和党人来说，无疑是一个重大的挫折。得州立即对上诉法院的裁决做出反应，称这一裁决是"错误的决定"，宣布得州将立即继续上诉，希望最高法院能对此案进行审理，以期在今后的选举中采用得州议会通过的选区重划图。州的司法部长在推特网站上抨击华盛顿上诉法院的决定，说上诉法院的决定曲解选举权法的原意，超越宪法规定的范畴。司法部的副部长则称法院用来衡量少数族裔选举权是否受到损害的标准模糊不清，令得州无所适从。更重要的是，选举权法用于审视少数族裔的权力是否被侵占，没有规定各州必须增加少数族裔的选区，以便适应少数族裔人口增长的情况。

当两党为选区重划图进行斗争的同时，另一场激烈的博弈也正在进行。这就是关于选民身份证法的较量。2011年得州议会开会期间，州议会通过关于选民身份证法。该法律规定，从2012年1月1日开始，选民必须出示有效的带有本人照片的身份证件方能投票。对于这一要求，不了解具体情况的人也许会不以为然。现代社会中，一个人没有身份证件寸步难行，所以实行此法应该不会有多大的问题。但是，由于历史的原因，这一问题在美国却有着不同的意义。

1964年美国制定的宪法第24条修正案废除了人头税。当年设立人头税的目的是为了阻止少数族裔（主要是黑人）进行投票。一个黑人达到了投票年龄，来到投票站，正准备投下庄严的一票时，却发现因为没钱交人头税，而没有投票资格，这样的情景对于黑人来说是多么尴尬难堪。现在人头税的规定被取消了，穷苦的黑人和其他少数族裔不必再为没钱交人头税被剥夺公民权而担心。

尽管人头税没有了，但是却出现新的问题。2000年大选中，小布什与民主党候选人戈尔竞争总统宝座。小布什尽管胜出，但是赢得并不轻松。他在佛罗里达的选票仅比戈尔多537票。如果没有这500多张选票，美国的历史将会重写，当年的总统可能是戈尔，而不是小布什。对于那次选举的选票清点工作，人们至今仍有争议。从这一事件中可以看出防止选举舞弊的重要性。美国的民众和立法者开始关注防止选举舞弊的问题。

防止选举舞弊的有效手段之一，是要求选民在投票时出示有效的身份证件，可以防止冒名顶替或者重复投票。可是，标准的身份证件的流行是近二、三十年来的事情。过去没有统一标准的身份证件，所以很多人（尤其是贫穷的老人和残疾人）至今还没有身份证件。根据废除人头税的规定，政府必须为选民提供无偿的身份证件。从某种意义上说，身份证件收费等同于变相的人头税。可是免费的身份证件实行起来有很大的困难。佛吉尼亚州长在1999年试行身份证件法。该州花费27万多美元，向两个县的选民颁发免费的身份证件。但是，此项努力遭到民主党和美国国家有色人种协会的反对，最终法院出面干预，暂停该法的实施。

目前，美国有30个州实施选民身份证法。在这些州里，选民进行登记和投票时，需要出示本人的身份证件。2002年小布什总统签署法律，规定第一次申请投票的选民必须在登记选举或投票时出示身份证件，但是已经登过记的年龄稍大一些的选民不在此项规定之列。

近年来，不少州试图实行选民身份证法。印第安那州于2005年通过选民身份证法。该州的人权组织将州政府告上法庭，此案一路告到最高法院。2008年，美国联邦最高法院裁决选民身份证法合宪，为其他州通过类似提案大开绿灯。阿拉巴马州通过法律，规定从2014年起，该州将实行选民身份证法。与阿拉巴马州比邻的密西西比州的选民投票支持选民身份证法，虽然目前该州的议会还没有通过立法案，估计这是迟早的事情。正是在这种形势下，包括得克萨斯州在内的十多个州从2001年开始相继通过选民身份证法。

虽然同为选民身份证法，但是各州有宽严之分。有些州的法律定得比较宽松，而有些州的法律定得相对严格。宽和严体现在两方面。第一个方面，如果选民到投票站投票没有带身份证件，宽松的州可以允许选民先投票。投票站把选票暂时放在一边。选民只要在规定的时间内重返投票站，出示身份证件，该选民的投票依然有效。但是严格的州却只允许出示身份证件的选民投票。第二个方面，宽松的州对实在没有身份证件的选民采取变通的方法。如果选民写一份声明，证明本人的身份，该声明可以代替正式的身份证件。如果投票站内的工作人员认识选民，也可以写一份证明作为替代。严格的州则要求选民出示政府颁发的带有照片的身份证件，而宽松的州则允许各种各样的身份证件，如学生证和工作证等等。

力主制定选民身份证法的一方坚称，立法的目的是为了防止选举舞弊。得州司法部长对媒体说，从2002年以来，联邦政府已经处理了100多名选举舞弊者，得州司法部也处置了近50名违反选举法的罪犯。反对选民身份证法的一方则声称，该法名义是为了防止选举舞弊，实质上是针对少数族裔的歧视行为。2011 年，纽约大学法学院公布一项研究，显示约有 500 万美国人会因为近年来通过的选民身份证法受到不利的影响。该研究发现，约有 11% 的美国人没有政府颁发的身份证件，而老年人、有色人种、残疾人和收入低的人群中，这一比例更高。许多美国公民很难得到政府颁发的身份证件。因为一个人要想获得政府颁发的身份证件，必须首先获得诸如出生证一类的证件，而得到此类证件不仅很麻烦而且得花钱。实行选民身份证法远比人们想象的困难得多。

得州在 2011 年 7 月向联邦司法部提出申请，要求批准实行选民身份证法。当年 9 月，联邦司法部做出回应，声称得州没有提供足够的证据，来证明得州通过的选民身份证法，既没有歧视少数族裔的动机也没有歧视少数族裔的结果。得州必须提供更多的证据，例如，介绍州政府将如何实行联邦政府规定的选民教育，如何训练选务官员实行选民身份证法。更重要的是，得州必须提供 60 多万没有身份证但已登记选民的详细情况。

得州的警察局颁发过约 2,300 万张驾驶执照和身份证。在美国，驾驶执照具有身份证的效力。得州的州务卿办公室颁发过约 1,290 万张选民登记，在这些选民中，约有 240 万人无法与警察局的驾驶执照或身份证通过姓名和出生年月对上号。通过进一步的分析和筛选，大约有 60 多万人可能没有身份证。他们的名字、出生年月和社会保险号无法与警察局所掌握的数据吻合。

在得州，选民登记时需要填写居住的地址，但是不需要填写肤色和人种的信息，所以需要推断 60 多万人的种族和人种。第一种推断的办法是，把选民的地址与人口普查局的人口资料联系起来。例如，有一位可能没有身份证的选民居住在黑人占80% 白人占 20% 的街区，我们可以说，这位选民有 80% 的可能是黑人，有 20% 的可能是白人。如果有 100 位没有身份证件的选民居住在亚裔占 5%，白人占 15%，黑人占 25%，拉丁裔占 55% 的街区，我们可以推断说，该 100 位选民中，可能会有 5 名是亚裔，15 名是白人，25 名是黑人，剩下的是拉丁裔。

这样的推断基于一个重要的假设，即在同一个街区里，选民是否有身份证件的可能是相同的。如果在同一个街区里，白人都有身份证件，而黑人都没有身份证件，那么这样的估计是不准确的。不过，生活在同一个街区，经济状况和生活条件应该比较相近。根据上述方法的推算，没有身份证件的选民中，少数族裔似乎比白人多。得州的公民投票人口中，白人占 59%，黑人占 13%，拉丁裔人占 25%。但是在 60 多万可能没有身份证的登记选民中，白人占 46%，黑人占 14%，拉丁裔人占了近 37%。显然，黑人和拉丁裔人没有正式身份证件的比例较之白人要高一些。

还有一种推断办法，叫做抽样调查法。假如随机地抽样调查 1,000 名可能没有身份证的选民，结果发现拉丁裔人没有身份证的比例确实比其他人种更多一些，我们可以得出结论说，有可能这一现象确实存在于现实生活中。当然这样的抽样调查费时耗力，不能在短时间内有结果。

对于 60 多万选民可能没有身份证件的问题，共和党人认为，很可能事实没有想象的那样严重。60 多万登记选民无法与得州警察局的驾驶执照数据库相吻合，可能有多种原因。该数据库长年没有清库，多年的过期信息仍然存在于数据库中。有的人可能已经去世了。有的人更改了姓名所以无法对号入座。在美国，女性结婚一般会改随夫姓。在美国，改换姓名相对容易方便些。有的人拥有其他种类的政府身份证件，如护照、持枪执照和军人身份证等等。而且，法律规定满 65 岁的老年选民和有残疾的选民可以通过邮寄的方式参加选举，所以选民身份证法对他们影响不大。

由于得州选民身份证法在联邦司法部遇到阻碍，得州于2012年1月23日向华盛顿联邦地区法院提出诉讼，要求法院批准得州的选民身份证法。州司法部长对报界说，在奥巴马当选总统以前，联邦司法部一直支持选民身份证法，最高法院已经做出过裁决，裁决选民身份证法合宪。得州应该与其他州一样有权力保护选举的公正性。得州采取诉讼的方法来解决选民身份证法的问题，旨在加快批准程序的进程。如果联邦司法部批准得州的身份证法，得州立即撤诉。联邦司法部不为所动，于2012年3月12日宣布，不批准得州的选民身份证法。得州的司法部长指责奥巴马总统对身份证法报有敌对态度。联邦司法部的决定在业内人士的预料之中，由于此案已经进入司法程序，所以各方静等法院的裁决。

2012年8月30日，华盛顿联邦地区法院做出裁决，三位法官一致认为得州的选民身份证法"对穷人施加严重的无情的负担。"三位法官分别由小布什、克林顿和奥巴马总统任命，既有共和党人也有民主党人。联邦地区法院的决定一宣布，得州的共和党人立即进行严厉的抨击，并扬言将官司一直打到最高法院。

在联邦地区法院进行裁决的几天后，即9月6日，联邦上诉法院以2:1的多数推翻联邦地区法院的裁决，裁定得州的选民身份证法合宪。联邦上诉法院中三名法官有两名坚持推翻联邦地区法院的裁决，一名法官支持联邦地区法院的判决。少数服从多数，两名法官的意见形成最后决定。得州的共和党对这一裁决表示欢迎，声称取得巨大的胜利。而民主党和人权组织则不服裁决。官司再一次升级，进入联邦最高法院。

为了感谢参与选区重划和选民身份证法诉讼工作人员的辛勤工作，州司法部长请客邀请我们共进午餐。在美国，请客一般是老板做东，做下属的请上级吃饭会有贿赂之嫌。部长从一家有名的烧烤店里订了饭菜，在办公楼的小会议厅里摆开饭局。

到了约定的时间，我们陆续来到就餐地点，从会议厅里飘出阵阵诱人的烤肉香。部长的助手已经在那儿等候我们，招呼我们就座开始进餐。部长来到我们桌就坐时，我们已经开吃。

我们处的人员都是技术干部，从事计算机工作或者统计分析工作，均不善言辞。部长的到来使我们桌顿时活跃起来。他的第一个话题是前一天的橄榄球赛。虽然我对橄榄球略知一二，却很少关心赛事。从部长的言谈中可以看出，他前一天晚上肯定全程观看了球赛，要不然他不会了解那么多细节。在美国，与男士们交流最好的方式是谈论体育。只要讲起球赛来（尤其是橄榄球），你肯定能找到知音。我们处里有一位小年青挺能聊天，与部长你一言我一语地讨论起前一天橄榄球赛盛况。

部长看到人都来齐了，大声对大家说了几句感谢的话，算是开场白。不知什么时候开始，部长又与我们聊起学校，因为他的孩子还在上中学。话题自然而然地转到了家庭作业。他问我们谁有小孩子在学校，回家的功课负担有多重。我们处的那位小伙子有个孩子在上小学。他滔滔不绝地谈起孩子的家庭作业，认为学生负担太重。仔细一问，那点家庭作业与我们中国孩子比较相差多着呢，要报怨还轮不到他们。

部长那天挺高兴，因为得州进行的诉讼到目前为止一赢一输，正在上诉等候最高法院的裁决，他有很大的信心，争取诉讼的全胜。州司法部长在州里算得上是比较重要的州级民选官员，他能与属下亲密无间，没有官架子。亲民是美国官员的为官之道。

群雄逐鹿

2012 年的竞选从 2008 年的大选一结束就已经拉开序幕。当奥巴马战胜共和党竞选对手麦凯恩成为美国第一位黑人总统时，前马萨诸塞州州长共和党人罗姆尼已经开始积极筹备四年后的选战。

在任的总统比其他候选人更容易胜选，所以奥巴马总统按惯例寻求连任。奥巴马是民主党内最有实力的总统候选人，成为民主党内定的唯一人选，毫无悬念地成为民主党的下一届总统候选人。

相比之下，共和党内的情况却复杂得多。这也为 2012 年共和党总统竞选的失败埋下祸根。从 2011 年 3 月开始，窥视总统宝座的共和党人陆续宣布加入竞选总统的行列。如果不算上其他七位名气较小的竞选者和一些无名之辈，影响力比较大的候选人先后有 11 名。他们是罗姆尼，前联邦参议员桑托罗姆，前联邦众议院议长金瑞奇，得州联邦众议员鲍尔，政治顾问兼加利福尼亚州同性恋权力活动家卡吉，前路易斯安那州州长罗默，现任得克萨斯州州长佩里，前犹他州州长和驻中国大使洪培博，明尼苏达州联邦众议员巴赫曼（女），乔治亚州的"薄饼大亨"凯恩和前新墨西哥州州长约翰逊。

虽然这些竞选总统的政治家们现在头顶桂冠、光彩夺目，拥有令人羡慕的头衔如参议员、众议员或者州长，但是在此之前，他们中的许多人也像普通人一样做过小工。例如，洪博培曾在一家日本料理店当过洗碗工，有时候还要清洗厕所。巴赫曼曾做过洗鱼小工。佩里当过铅锤工修建过篱笆。罗姆尼在农场收拾过干草。桑托罗姆曾清洗过厕所、擦过鞋。"披萨大亨"凯恩曾在一个建筑工地中当过铅锤工。金里奇则当过球场的球童。

罗姆尼于 2011 年 6 月 2 日正式宣布竞选总统。他出生于一个摩门教家庭。摩门教被有些人称为是邪教。有些摩门教的男人娶多位女子为妻，犯了法遭到美国法律的制裁。不过，罗姆尼不属于这类人，他是个守法的教徒，与妻子育有五个子女。在罗姆尼之前，美国历史上还没有摩门教徒成为总统候选人。罗的学历很牛，毕业于哈佛大学，是位工商管理学博士。

罗姆尼曾于 2003 年至 2007 年任过马萨诸塞州州长一职，从政以前是位成功的商人。他组建的一家大公司挣了大钱，据估计，身价在 1 亿 9,000 万到 2 亿 5,000 万美元之间。他的父亲也曾任过州长，并且是一位成功的商人。罗姆尼可以算是"官二代"和"富二代"。

罗姆尼属于共和党中的温和派，在担任州长期间，成功地推行马萨诸塞州的医保改革。该州实行强制性医保，要求全州的民众必须购买医保，否则课以罚款。这是全美第一个实行这样规定的州。美国的医保难是出名的。这是因为有大量的民众因为贫穷或者其他原因没有医疗保险。而美国的法律规定，医院和医护人员不得因为病人没有钱而拒绝施救。由于有大量的急救病人没有医保，医院和医护人员又不得不对他们进行急救，费用只好转嫁到其他有医保的人们头上，所以医保费用连年飙升。罗姆尼的这一套措施缓解了该州的医保危机，受到普遍的赞扬。

罗姆尼在州长任上还解决了 12 亿到 15 亿美元的财政赤字问题。他通过削减开支，增加收费和堵住公司交税漏洞等办法实现收支平衡。由于这些显著的政绩，当州长任期结束后，罗姆尼没有寻求连任，而是将目标锁定在总统宝座。罗姆尼既有从商的辉煌成就，又有从政的成功经历，他志在必得。

桑托罗姆曾在 1995 年到 2007 年间任过联邦参议员，是位作家和律师。桑托罗姆毕业于闻名的宾州州立大学，拥有法学博士学位。他是共和党中的保守派，坚决反对同性恋，反对避孕。他对"政教分离"的议题表态说，他不相信在美国可以真正做到政教分离。人权修正案的第一条是信仰自由，这就意味着在社会和政治中，人和信仰是分不开的。

桑托罗姆对于学校教授进化论的态度反映出他的保守派立场。他曾说，智能设计论（简称"智设论"）是一个合法的科学理论，应该在学校的科学课堂上教授。智设论认为，宇宙和生物的某些特性用智能原因来解释更为合适，而不是无方向的自然选择。该观点与进化论相悖，因为进化论坚持物竞天择，现代生物的存在是由于自然界的选择。神学则认为上帝创造人类和世界，人类和物种是上帝精心设计的结果。智设论实际上是企图颠覆进化论的神学现代版，有人认为智设论是一种伪科学。2005 年，他的立场有所松动，改口说智设论在科学课堂上教授不太合适，我们应该教授进化论的问题和漏洞。这是因为他面临着竞选参议员连任的压力，不得不做出让步。桑托罗姆于 2011 年 6 月 6 日正式宣布竞选共和党总统候选人提名，成为罗姆尼的强有力对手。

金瑞奇宣布竞选的日子比前面两位早一些，是在 2011 年的 5 月 11 日宣布的。金瑞奇毕业于全美的名校杜兰大学，拥有博士学位，专攻欧洲现代史。博士毕业后，金瑞奇当了一段时间的历史学教授。在任教期间，他已经开始尝试步入政界。他经历两次微差票数的落败，第三次终于在 1987 年成功地当选为联邦众议员。以后多次连任，最后成为众议院议长，共和党的重量级领导人。他于 1998 年末和 1999 年初相继辞去议长和众议员职务，沉默了一段时间，直到 2011 年东山再起复出竞选总统。他曾写过 27 本书，有惊人的口才和笔才。

1991 年，金瑞奇的政治生涯遇到麻烦。1990 年的人口普查显示他所在的乔治亚州的人口有所增长，联邦众议员的席位将增加一席。民主党把持的乔治亚州参众两院将予头对准了金瑞奇。他们把金瑞奇的选区分割打乱，刻意使他败北落选。金瑞奇一面抗议，一面卖掉房子搬到有利于他当选的共和党选区，以 980 票的微弱多数战胜本党同僚得以连任。

金瑞奇是共和党中的保守派，其最显著的政绩是领导共和党在 1994 年的中期选举中，取得国会选举的全面胜利。这一年的选举奠定了共和党在参众两院的多数党地位。民主党把持众议院多数党的地位长达 40 多年。此时的金瑞奇可以说是如日中天。在中期选举前，金瑞奇搞了一个"与美利坚达成的契约"。契约提出多项与百姓切身利益有关的提案，如财政责任案中提出政府不得轻易增加税收，必须有五分之三的众议员同意才能增税；减税提案中提出，年收入低于 20 万美元者，抚养孩子可以减税。契约还提出加重对暴力罪的惩罚；对未成年母亲减少、限制甚至取消社会福利和补贴，以使年青人增加社会责任心；强调对儿童的抚养和对老人的赡养等等。这些主张为共和党赢得了声誉和人心。

金瑞奇虽然涉身政界，却常常口无遮拦，公众形象不佳，尤其是 1995 末 1996 初的美国政府关门等钱事件，使得共和党的威望受到影响。在金瑞奇的领导下，共和党对克林顿政府的医保、教育、环保和公共卫生等方面的政策进行对抗，导致美国政府的许多部门关闭了 28 天。公众的印象以为这一事件是金瑞奇与克林顿的个人恩怨引起的。

更糟糕的是，金瑞奇极力主张对克林顿与白宫实习生莱温斯基的绯闻进行调查，并力主弹劾总统。而百姓对老克的绯闻并不感兴趣，更关心的是自己手中菜篮子和钱包。克林顿总统治理国家有一套，在他的任职期间，美国的经济出奇得好，民众的生活稳定。百姓需要的是一位能够领导大家过上好日子的领袖，而不是一位治国无方的德道楷模。1998 年的中期选举使共和党损兵折将，失去不少席位。美国的民众用选票向共和党说"不"。

共和党内部曾经发生过一起未遂"政变"，有人试图把金瑞奇拉下马，金瑞奇侥幸逃脱。但是这一次，金瑞奇不得不引咎辞职，黯然离开政治舞台中心。他在离开国会时忿忿地说道，他不愿意领导一帮"食人魔"。金瑞奇把反对他的共和党人称为食人魔，可见他对同僚是多么痛恨。

尽管金瑞奇引导出台国会道德规定，不遗余力地揪住克林顿的绯闻不放，但是自己的屁股也不干净。前众议长民主党人赖特[①]被金瑞奇搞下台，原因是赖特用出书的形式捞外快钱。金瑞奇的出书也有猫腻。更出格的是，当金瑞奇摆出一副卫道士的面孔，以绯闻弹劾克林顿总统时，自己却正在与小秘偷情。连共和党人前众议院议长德雷也对此不满，说道，"我认为在那时(弹劾克林顿时)金瑞奇不可能树立良好的道德标准。如果你也在偷情时，你不可能确立崇高的道德标准。"当然，德雷说此话是为了撇清自己，他也出过轨。

更令人不可思议的是，当金瑞奇的妻子发现丈夫有小三时，金瑞奇竟然向妻子提议保持开放式婚姻。他的提议遭到了妻子的坚决拒绝。他们的婚姻以离婚而告终。现在的妻子是当时的小三。金瑞奇还算有良心，对小三不错，最后把她扶了正。

金瑞奇的这段不光彩的经历给他带来不少麻烦。在共和党初选的一次辩论会上，主持人问金瑞奇是否想对第二任妻子指

[①] 吉姆·赖特（James Claude Wright, Jr., 1922），得州民主党人，前联邦众议员，众议院议长。

控他曾建议开放式婚姻一事做出回应。金瑞奇勃然大怒，答道，"不，但是以后会。"他接着说道，"许多毁坏性的、恶毒的和负面的媒体消息，使得管理这个国家越来越困难，使得吸引好人出来当官更难。我很吃惊你竟然在总统竞选的辩论会上提及这一话题。"

金瑞奇的犀利回答使得媒体再也没有为此事找他的麻烦。我们不得不佩服金瑞奇的伶牙俐齿，如此尴尬的问题就这样被他轻松地破解。

相比之下，另一位竞选总统的候选人，现任得州州长佩里的口才只能称为笨口拙舌了。佩里于 1998 年担任副州长，是小布什的副手。当小布什当选总统辞去州长职务后，佩里成为州长。此后佩里成功地竞选连任，共担任了四届州长。佩里属于共和党中的保守派，反对奥巴马的医保改革、反对同性婚姻、反对禁枪。

2007 年，佛吉尼亚理工大学发生校园枪杀案，33 人死亡，17 人受伤。枪杀案引发全美对禁枪问题的激烈辩论。佩里提议，合法的枪支拥有者可以在得州的任何地方携带枪支。他认为，正是因为禁枪法律缚住安分守己的平民，所以杀手才能得逞。如果当时在场的学生和教授身上带有武器，凶手早就被乱枪打死，不会有这么多人无故死亡。

既然这些惊心骇瞩的杀人事件都是枪械惹的祸，美国为什么不能禁止民众拥有枪支呢？不少美国人和许多中国人（包括在美居住多年的华人）认为，只要美国实行禁枪，美国的枪杀案就会大幅度下降。其实，事情远非善良人们想象得那么简单。如果禁枪可以减少枪杀，照此逻辑禁刀就可以减少凶杀案。那么禁卖王麻子菜刀和张小泉剪刀，是否可以减少发生在中国校园内的砍杀学生事件呢？到底是刀枪惹的祸，还是人惹的祸？

美国是世界上唯一一个民众可以合法持枪的国家。美国人拥有枪支，为的是抵抗暴力。当年美国争取独立时，美国人懂得公民持枪是对抗暴政、捍卫公民权力的有力保障。美国的建国先驱们担心将来的国家管理者会变坏，同时他们深信人民有推翻暴政的自由，所以他们在人权修正案中明确立下"人民持有和携带武器的权力不得侵犯"的条文。即使将来的政府变质，只要人民拥有枪支武器，人民可以用手中的武器保卫自己的公民权力。这一背景有助于理解美国人拥有枪械的问题。当然，时过境迁，需要美国人民拿起武器反对政府的情况不会出现了，维护持枪的宪法已经演变成维护持枪的传统。目前美国人持枪所起的作用，更多的是体现在对自身和家人的保护。

媒体曾报道过民众用手中的武器保护自己的事件。例如，1992 年 4 月美国加州的洛杉矶市发生暴乱，无数商店被洗劫一空。然而，一家位于暴乱区的韩国人开的商店却毫发未损。原来这家店主在求助警察无果的情况下，果断地拿起武器，暴民们慑于店主手中步枪的威力，未敢踏进商店半步。

一位曾反对拥枪但受到歹徒欺负后转而支持拥枪的女士说道，"别对我说你反对拥枪，当你叫天天不应，叫地地不理，受到强暴后，再说也不迟！"这位女士受辱后汲取教训，开始携带防身武器，终于用枪吓退歹徒，防止再一次受辱。

正当美国人因桑迪胡克小学枪击案大声疾呼禁枪时，2013年 1 月上旬，美国的乔治亚州发生一起令人深思的事件。一位妇女与她的两个孩子在家里遇到了破门入室的窃贼。她打电话给丈夫报警。丈夫提醒她刚刚上过的射击课，使她镇定许多。她找到家中的手枪，向窃贼射击。倒霉的窃贼被打成重伤，不仅一无所获，还被警察抓个正着。这一事件被支持拥枪人士称赞为自卫的经典案例。

不少美国人认为，禁枪令对罪犯实际上已经起不了任何作用，禁枪令只会束缚遵纪守法的民众。一方面歹徒们可以通过合法的或非法的途径获得枪支武器危害民众，另一方面民众却因守法只能赤手空拳地面对歹徒。这样的尴尬局面，吃亏的总是安分守己的民众。与其让歹徒屡屡得逞，不如放手让守法的民众在无可奈何的情况下拿起手中的武器正当自卫。当一个罪犯试图去干坏事时，如果面对的受害者手中可能有枪，搞不好自己小命不保，罪犯会三思而行。这种震慑力对民众不无益处。当然，那种杀伤力巨大的突击步枪似乎超出自卫的范畴，不在以上讨论之列。佩里是拥枪支持者的代表人物之一。

佩里的本科是在得州农工大学念的，是一所全美一流的大学。大学毕业后佩里当过兵，曾是运输机的驾驶员，退役前官拜上尉。佩里的父亲是位民主党人。佩里于1984年当选为民主党的州众议员。1988年，佩里在得州民主党初选中为戈尔争取总统候选人提名出了大力。1989年，佩里宣布退出民主党加入共和党，当选州的土地署署长，1998年当选为副州长。

佩里加入竞选总统的行列，手中最硬的一张王牌是得州的经济。尽管200年美国遭受金融风暴的袭击，经济一蹶不振，但是得州的经济一直比较平稳，失业率在全美算是低的。共和党内对佩里竞选总统的呼声此起彼伏。但是佩里很低调，一再否认有高就的企图。直到2011年的5月末，佩里才放风准备参战。当佩里正式宣布参加竞选后，民望一路飙升，在共和党人中获得29%的支持，独占鳌头。占第二位的是后来的正式候选人罗姆尼，他仅获得18%的共和党选民的支持。

但是，在美国当总统不仅需要干得好，还要说得好，没有能言善辩的口才，想成为总统是很困难的。小布什的口才并不算好，经常说错话，遇到难题一时反应不过来。不过，他那副样子挺可爱，帮助他度过不少难关。不过人们发现小布什外出或开会时，后背上常有一块鼓起的疱挺可疑。有人推测可能是小型电子接收机，他的助手通过无线电向这位总统传授如何应对窘境的玄机。

由于口才欠佳，佩里在共和党几次辩论会上的表现差强人意，民意直线下落。在 2011 年 11 月的一场辩论中，佩里提出一旦当选，他将撤消三个部门：教育部和商业部。可是，他怎么也想不起来第三个部是哪个部。辩论对手罗姆尼出来救场，提醒他说，"是不是环保部？"

想了半天，佩里说，"商业部，让我想想。我想不出。。。第三个部。。。我想不出。。。对不起，Oops[①]！"此后，网上疯传 Oops！尽管在回答下一个问题时佩里想了起来，告诉听众第三个部是能源部，也赢得掌声，但是辩论时忘词的事件对他的打击是巨大的。不久以后，佩里被迫退出竞选，回到得州老老实实去当他的州长。

平心而论，佩里是位实干家，得州在他的管理之下各方面还挺不错的。但是真让他管理一个国家，结果如何就很难说。仅凭他扬言要取消联邦政府的三个大部门可以看出，他对国家管理缺乏了解。教育部、商业部和能源部是联邦政府中举足轻重的大部，不是谁说要解散就能解散得了的。

现任得州联邦众议员鲍尔在众多的竞选者中年长一些，已经 70 多岁了。鲍尔 1997 年当选联邦众议员以来，一直连任。在此之前他曾两次问鼎总统职位，均铩羽而归。他的儿子也很牛，是联邦参议员。在众议院的历史上，他是第一位儿子同时为联邦参议员的众议员。美国官场上出现"父子兵"的不少，但是同时出现的却并不多见。鲍尔毕业于著名的杜克大学医学院，拥有医学博士学位，曾在空军和空军国民警卫队任过军医，是位医生兼作家和政治家。

[①] Oops 在英语中表示沮丧、懊恼、惊叹等。

鲍尔的政治立场属于保守派阵营。他也是自由党成员，所以政治立场也属于自由至上派。他极力主张小政府、低税率、自由市场经济和稳健的货币政策。按照一位有名的大学政治学者的观点，在政府管理经济方面，鲍尔是 2012 年竞选中最保守的竞选者。他坚持如果提案中的措施在宪法中没有明确授权，他坚决不投赞同票。为此他获得了一个绰号，叫做"不同意博士"。鲍尔被认为是近年来美国"茶党运动"的精神教父。茶党运动是共和党中的一股不可忽视的极端保守势力。鲍尔在这次共和党初选中始终不屈不挠，一直坚持到最后。尽管无望获胜，鲍尔仍没有退出竞选，坚韧不拔的精神令人敬佩。

共和党竞选者中洪培博是位值得一提的人物。中国人对他比较熟悉。他曾在奥巴马手下任美国驻中国大使。洪培博曾担任过犹他州的州长一职，因为洪培博治理有方，犹他州被授予全美最佳管理奖。2008 年，洪培博以 78%的高票获得连任。洪培博的支持率一直保持在 90%左右。2009 年中途离任赴中国任大使时，他当时的支持率达到 80%以上。

在学历方面，洪培博不如其他竞选者。他年轻时沉迷于音乐，加入了一个摇滚乐队，高中没有读完就辍学。后来他通过高中同等学历的考试，进入大学读完了本科，专业是国际政治。

他对中国有特殊的兴趣，大学毕业后到台湾工作过一年。洪培博精通中文，熟悉亚洲事务，这为他后来成为驻中国大使奠定了基础。1992 年，洪培博被小布什总统任命为美国驻新加坡大使，成为美国 100 多年来最年轻的大使。2009 年他被民主党总统奥巴马提名任中国大使。洪培博的提名得到参议院的一致通过，足见他是个左右逢源的人物。

洪培博的政治立场，用他自己的话来说，是位中间偏右人物。有媒体评论他是位保守的技术官僚，属于温和派阵营，愿意与民主党总统奥巴马进行合作。洪培博反对堕胎、反对同性婚姻、赞成减税，体现他的保守立场。然而，他又赞成同性恋者的"民事结合"和增加政府开支。在他任州长期间，犹他州的政府开支不降反升，体现他的自由派的立场。他既主张与中国密切合作，又在台湾问题、人权问题和西藏问题上采取强硬态度。

洪培博利用自己熟悉中文的优势在竞选总统候选人时大出风头。他有七个孩子，其中有一位是从中国领养的女孩。如果洪培博入主白宫，那位幸运的中国女孩将成为第一位入住白宫的华裔。

洪培博退出竞选后发表对共和党不利的言论。他认为美国应该有强大的第三政党，以便引入新声音和新观点。为此，共和党全国大会取消对他参加 2012 年共和党全代会的邀请。共和党原准备让洪培博在大会上发言。洪培博对此发表声明，责备共和党没能集中精力解决美国面临的严重的社会和经济问题。他的竞选口号是"国家第一"。洪培博呼吁共和党不要玩弄政治，回到林肯和里根时代，实行"国家第一"的政策。看来，洪培博与共和党的当权派之间有裂隙。

还有一位竞选者值得一提。这就是乔治亚州的"薄饼大亨"凯恩。与以上几位竞选者在参选前均有从政经验不同，凯恩没有任何从政经历。他是一位作家、电台主持人、专栏作家和CEO。更重要的是，他是位黑人。

凯恩毕业于全美名校普渡大学，拥有硕士学位，专攻计算机科学。这个研究生学位是他一边为美国的海军部全职工作，一边利用业余时间完成的。1977 年他进入贝氏堡公司，后来成为副总裁。他的经商成功之道使得贝氏堡公司任命他为一家比萨饼公司的 CEO。

凯恩以其商人的特有身份加入竞选总统之列，让人耳目一新。此前，凯恩也曾试图从政并且积极介入政治活动。1993 年，他公开反对克林顿总统的医疗改革方案。他曾在一个市镇会议中面对面地与克林顿总统交锋，批评他的医疗政策，为击败克林顿的方案立下汗马功劳。他曾于 2000 年共和党总统初选中小试锋芒，并于 2004 年试图问鼎联邦参议员职位。

共和党选民对他寄予很大的期望。数十年来的大选结果表明，民主党总统候选人的胜选依赖少数族裔的选票。如果凯恩成为共和党的总统候选人，大量的黑人选民很可能倒戈投他的票。

凯恩在 2012 年共和党初选中的亮点，是他的"9-9-9"税收计划。美国的税收非常复杂，无论是公司税，还是个人收入所得税。税收还分为地方税和联邦税。税率也不尽相同，采用累进税率。税率按照收入不断增加。例如，个人收入所得税的征收起点是 9,000 多美元（单身），9,000 至 20,000 多美元的收入按 15% 的税率收缴，20,000 至 40,000 多美元的收入按 25% 的税率收缴，40,000 多美元以上的收入又按更高的税率上缴。

凯恩则提出 9% 的统一税率，公司按 9% 缴纳营业税，个人按 9% 的收入缴纳个人所得税，联邦政府则收缴 9% 的销售税。如果真的能实现凯恩的税收方案，美国的税收将会变得简单得多。虽然不少人对他的方案提出批评，指责他的方案转嫁税收的压力，对穷人不公平，但是他的方案对不少民众很有吸引力。

正当这颗政治新星冉冉升起时，一场性骚扰和绯闻的风暴突然降临。2011 年末，媒体爆料说上世纪九十年代凯恩任全国餐饮协会 CEO 期间，两名女性指控他性骚扰和不良行为。后来又有两名女性指控凯恩犯有性骚扰。尽管凯恩否认性骚扰的指控，但是他承认全国餐饮协会向涉案的女性付过一笔钱款私下和解。指控他行为不端的四位女性中有两位在竞选期间公开露面揭露凯恩的丑行。

凯恩否认与另外一名女性有私情。该女子公开接受采访，声称她与凯恩保持了 13 年的地下情人关系，这一关系直到凯恩宣布出来竞选总统才结束。凯恩怒斥性骚扰和私通指控是对他的"人格暗杀"。凯恩在丑闻事件中处理不当是他失去选民信任的重要原因之一。刚开始时他断然否定矢口否认，在媒体的压力下又不得不一退再退，一点一点地承认有关事实。凯恩的名誉受到巨大的损害。最后，凯恩不得不黯然退出竞选。

在美国当官不是件容易的事，稍有差错乌纱帽立马不保。不仅"以权谋性"之类的事情绝对不能做，即使是你情我愿的地下恋情也不能有。凯恩两件事都沾了，想当总统，门都没有。媒体对官场上的官员无孔不入，使得许多有志人士却步不前。例如，前美军参谋长联席会议主席，小布什任内的国务卿鲍威尔将军就是一例。鲍威尔将军口碑甚佳，共和党中不少人鼓动他出来竞选总统，如果他出马竞选总统，肯定会有很大的胜算。可是鲍威尔的妻子坚决反对，她担心一旦她的丈夫出来竞选，她的一家将无一日安宁。

2012 年大选结束后数日，一起地下恋情引发美国官场的大地震。美国中情局长，著名的彼得雷乌斯将军，[①]是位战功赫赫的四星上将，曾任美军驻阿富汗最高指挥官等职。受奥巴马总统提名，参议院一致同意，彼得雷乌斯退出现役，就任中情局局长一职。彼得雷乌斯是美国政坛上一颗新星，有人甚至将他与二战时期的美国英雄艾森豪威尔将军相提并论。

不幸的是，这位英雄未能过美人关。他的传记作家布罗维尔是位美女加才女。美女仰慕英雄，英雄怜爱美女。在布罗维尔采访将军为他写传记时，两人的情感擦出了火花，一发不可收拾。谁知布罗维尔是位爱吃醋的小三，因为怀疑将军有小四，

[①] 戴维·彼得雷乌斯（1952- ），David Petraeus，西点军校高材生，曾任驻伊拉克和阿富汗美军司令。

向假想中的情敌发送了威胁信。此封电邮惊动了联邦调查局，将军的地下恋情不幸曝光。彼得雷乌斯不得不黯然下台，又一颗政治灿星由于你情我愿的婚外情陨落。

有人认为彼得雷乌斯是中情局和联调局内斗的牺牲品。不少人为将军鸣不平，他们认为不能因为婚外情抹杀将军的贡献和才能。美国急需像彼得雷乌斯将军这样卓越的领导人。当年艾森豪威尔在欧洲与他的英国女司机也有一腿，如果因此罢免了艾森豪威尔的官，美国和盟军的损失不可估量，二次大战的历史有可能重写。不过抱怨归抱怨，彼得乌雷斯的政治前景至少在现在似乎划上了句号。

众多的竞选者成为共和党提名的总统候选人必须过五关斩六将才能胜出。这五关和六将是共和党的初选。民主党与共和党的初选与大选一样，采取间接选举法，即按照分配的代表人票数决定胜负。计算初选票数相当复杂。共和党总统初选的过程分两步进行。首先，共和党选民选出各州参加共和党全国代表大会(简称共和党全代会)的代表。其次，共和党全代会的代表们通过投票，选出候选人作为共和党总统候选人参加大选。共和党全代会有 2,286 位代表，所以当选的共和党总统候选人必须获得至少 1,144 位代表的支持。

共和党全代会代表的产生有两种方法。第一种方法是通过党团大会[①]。这是共和党地方成员举行的会议。这些会议可以在教会召开，也可以在学校或社区中心举行。在党团大会上，候选人派出大量的支持者到会议上进行游说拉票。参加会议的共和党选民在一张纸条上写下他们支持的候选人名字。也有的党团会议不用选票而采取直接站队的作法。支持罗姆尼的站在一边，支持桑托罗姆的站在另一边。会议主席清点人头或者票

[①] 党团大会(Caucus)。

152

数，然后向共和党州总部报告。最后由共和党总部公布整个州的党团会议投票结果。

党团会议以后，需要选出全国代表大会的代表。有以下两种形式选出代表。第一种是党代会的方式。县党代表和州党代会开会，在会上选出代表参加全国党代会。第二种是委员会开会的方式。县或州的共和党委员会召开会议，推举出代表参加党的全代会。

党团会议的选举不太正式。采用党团会议方式的州有科罗拉多州，夏威夷州，明尼苏达州，北达科塔州，爱荷华州，内华达州和缅因州。其他的州采用党内选举的方法。

相对党团会议的方法，党内选举①相对来说正式一些。党内选举时，共和党选民在官方印制的统一的选票上划勾，选择自己喜欢的共和党总统候选人。投票完毕后，由州政府（一般是州务卿办公室）统计得票结果，最后向民众公布。采用这一方式的各州共和党组织会在党内选举后召开代表大会，选出全代会的代表。

选出的全国代表大会的代表们如何投票呢。50州的情况各有不同。有的州选出的代表没有义务一定要按照共和党选民们投票的意向。换言之，这些代表可以凭自己的感觉投票，爱选谁就选谁，不受本党选民们的约束。有的州则规定，全国代表大会的代表必须按本州选民的意愿投票。因此，全国党代会的代表们的投票分为约束性和非约束性两种代表。由于党内选举是一种比较正式的选举，所以采用党内选举的州代表们投票是约束性的。代表们必须按照共和党选民的意愿投票，不得擅自行动，按照自己的喜好投票。

---

① 党内选举(Primary)，该词通常指党内初选。我们在此处统一用"党内选举"以示区别。

在分配代表人数方面有不少很有个性的规定。各州的代表人数由三部分组成。第一部分是全州范围内选出的代表，基本人数是 10 名，按以下规定增加额外名额：

- 2008 年大选中共和党候选人获得选举人团多数的州按以下公式增加全代会代表名额（4.5+0.6*2012 年选举人团票数）
- 2008 年 1 月 1 日至 2011 年 12 月 31 日期间州长为共和党人的州增加一位全代会代表名额
- 以上期间本州联邦众议员共和党人至少占 50%的州增加一位全代会代表名额
- 以上期间共和党在本州参众两院占多数的州增加一位全代会代表名额
- 以上期间共和党在本州参众两院之一院占多数的州增加一位全代会代表名额

例如，加利福利亚州和马里兰州不符合以上的任何一个条件，所以全州范围内选出的代表名额只有 10 名。特拉华州的联邦众议员占多数，所以增加一个名额，该州有 11 名全州范围选出的全代会代表。得州是共和党大本营，符合以上所有的条件，增加的额外名额较多。因 2008 年大选得州为共和党候选人做出贡献，所以可获得 4.5+0.6*38=28[①]个额外代表名额。得州州长和两位联邦参议员均为共和党人，得州的联邦众议员多于 50%，州内的两院均由共和党控制。这些有利条件又为得州带来六个额外代表名额，加上基数，仅此一项共可分得 44 名全代会代表名额。设置以上额外名额旨在确立共和党占优势

[①] 实为 27.3，进位成为 28。

的州在全代会中的地位。这些州是共和党的票仓，在全代会上应该有更多的发言权。

第二部分是由联邦众议员选区选出的代表，每个选区有3名代表。如得州共有36个联邦众议员选区，可分得108个全代会代表名额。加州是个大州，有53个联邦众议员选区，可分得159名全代会代表名额。

第三部分是分配给各州的三名特别代表，叫做超级代表，由党内领导人担任。这三名代表可以不受共和党选民的约束，任意把票投给中意的候选人。超级代表常被人们称为"党内大佬"。

除了50个州以外，还有一些地区(如华盛顿所在地哥伦比亚特区、关岛、美属维京群岛、美属萨摩亚、美属北马里亚纳群岛和波多黎各)虽然在国会中没有选举权，在共和党初选中却有一定数量的全代会代表名额。

如果全国党代会代表的投票是约束性，他们的投票又分为"比例投票"和"赢者通吃"两种。比例投票是说，候选人按照所得的选票比例获得代表票数。赢者通吃式投票则是得票最多的候选人获得所有的代表票数。有的州采用混合型，全州范围内选出的代表按比例投票法，而联邦众议员选区选出的代表则按赢者通吃的方法投票。

如此复杂的计票方式实在太绕人，我们不妨举几个州的例子来说明共和党初选的情况。爱荷华州采用党团会议的方式。该州代表属于非约束代表。不管选民们如何投票，代表们可以自说自话，高兴投谁的票，就投谁的票，与选民的意向无关。该州有13名全州范围内推举出的全代会代表，12名联邦众议员选区(四个选区)选出的全代会代表，加上三名超级代表，共28名代表。全代会代表的产生通过两种途径。13名代表是由州的党委会推举的。而12名选区代表则由党代会选举产生。

155

在党团会议上，桑托罗姆得票最多，达 24.6%，罗姆尼紧随其后，获得 24.5%的选票，鲍尔得票第三，获得 21.4%的选票。桑托罗姆理应得到一定的票数。遗憾的是，爱荷华州的全代会代表们却把选票投给了老三鲍尔（22 票）和老二罗姆尼（6 票）。获得选民选票最多的桑托罗姆竟然没有得到一位代表的支持，太冤了。

发生类似情况的不仅仅是爱荷华州。缅因州的共和党选民有 39.2%赞成罗姆尼，鲍尔排第二有 35.7%，可是该州全代会的 20 名代表们却投了鲍尔的票，另有四票弃权，罗姆尼一票难求。密苏里州则相反。罗姆尼仅得到共和党选民的 25.3%的选票，却得到该州 52 名全代会代表中 31 名代表的支持。路易斯安那州和蒙大拿州的全代会代表干脆弃权没有投票。看来他们对几位总统候选人都不满意。不知道那些共和党选民有何想法，他们辛辛苦苦投的票全白费了。为什么没有人抱怨其中的不公平和不合理呢？这是因为投票的规则是在投票前已经约定好的，公平与否、合理与否，对谁都一样。

怀俄明州也采用党团会议的形式。但是，该州的代表属于约束性投票代表。他们必须按照共和党选民的意向投票给总统候选人。在分配代表人数方面，该州有其独特的形式。全州选出的代表为比例制，联邦众议员选区选出的代表为赢者通吃制。怀俄明州分得 3 名超级代表，14 名全州范围代表和 12 名联邦众议员选区（四个选区）代表，共 29 位代表。罗姆尼得到 31.9%的选民选票，桑托罗姆获得 31.9%的选票，鲍尔得到 20.8%的选票。14 个名额中，八票分给罗姆尼，两票分给桑托罗姆，一票分给鲍尔。12 名联邦众议员选区的代表则全归罗姆尼，加上两位超级代表，罗姆尼共获得 22 位代表的支持，桑托罗姆得到两位代表的支持，鲍尔获得一位代表的支持，另有四名代表弃权，共计 29 名代表。

内华达州的党团会议选出的代表也是约束性代表。由于该州只有一个众议员席位，所以 25 名代表是全州范围内推举出来的，加上三名超级代表，共计 28 位代表。该州采用比例分配制，罗姆尼得票超过 50%，鲍尔获得 21%的选票，所以代表在他们两人之间分配。罗姆尼分得 20 票，鲍尔分得八票。

得克萨斯州采用党内选举形式。全代会的代表产生于共和党的州代会。全代会代表们的投票是约束性的。代表的投票按比例制分配。得州有三名超级代表，44 名全州范围选出的代表和 108 名众议员选区代表，共计 155 名代表。得州初选的选票统计如下：罗姆尼获得 69%的选票，金瑞奇获得 5%的选票，鲍尔得到 12%的选票，桑托罗姆则得到 8%的选票。根据比例制，罗姆尼获得 105 位代表和三位超级代表的支持，共获得 108 票。金瑞奇得到了七票，鲍尔得到了 18 票，桑托罗姆则得到 12 票。

马里兰州也采用党内选举制。全代会代表的投票也是约束性的。但是代表们的选票分配与得州不同，实行赢者通吃原则。该州拥有 37 名代表，三名超级代表，十名全州范围选出的代表及 24 名众议员选区选出的代表。十名代表通过党代会选举产生，而 24 名代表则由党委会推举产生。罗姆尼在党内选举获得最高票达 49.2%，桑托罗姆获第二达 28.9%。但是罗姆尼得到该州全体代表的投票共 37 票。处于第二名的桑托罗姆一张代表票也没有获得。

从上面几个例子可以看出，共和党初选中各州的计票方式大相径庭，选举的方式各有不同，代表产生方法也是五花八门。这样的安排使得共和党的初选充满了变数。那么有没有可能竞争者票数非常接近，无法决定胜负呢。这样的担心是多余的。在许多情况下，当初选进入一半进程以后，最有实力的竞争者基本显现。尽管竞选者们一再声称将坚持到底，但是许多竞选者眼看大势已去会自动退出，很少有坚持到最后的。那些坚持到最后的竞争者基本也是作秀，不会有最后反败为胜的可能。

共和党的初选分别在各州和地区进行。根据共和党全国委员会 2010 年的决定，共和党初选的时间分为三个阶段：第一阶段从 2012 年的 2 月 1 日到 3 月 5 日，在爱荷华州、新罕布什尔州、内华达州和南卡罗来那州进行。这几个州长期以来一直是最早举行初选的州。第二阶段从 3 月 6 日到 3 月 31 日，在实行比例制的州内举行。第三阶段从 4 月 1 日起，在实行赢者通吃的州内举行。

爱荷华州是全美第一个进行共和党初选的州。该州在美国并不算大州，由于共和党首先在该州举行初选，所以该州引起全美甚至全世界的瞩目。各竞选者会在该州决一雌雄，这是提高竞选者知名度的最好办法。初选首战的胜负将对今后的选战起着极为重要的作用。

为了引起选民们的注意，有人不按常规出牌。据克林顿前情妇的爆料，当年的克林顿苦于无法提高知名度，最后想到利用与她的绯闻来提高知名度的绝招。在克林顿竞选总统时，这位前情妇突然跳出来揭发她与老克的丑闻。实际上，她挺身出来揭发克林顿是他们密谋的高招。这是一着险棋，如果处理不好，克林顿很可能会因此断送政治前程。是他的命不该绝，克林顿不但没有倒下，反而因为丑闻名声大振，进而当上总统。

有些州不甘心被世人忽视，试图抢夺初选第一州的宝座，纷纷提前进行初选。佛罗里达州、新罕布什州、南卡罗来纳州、亚利桑那州和密执安州不顾共和党全国委员会的警告，擅自宣布在 2012 年 1 月提前进行初选。这一举措迫使原定的先行州进一步提前初选的日期。爱荷华州为了保持初选第一州的称号，把该州的初选提前到 1 月 3 日。

少数州的无组织无纪律举措打乱了共和党的统一部署，为2012年的总统竞选埋下隐患。为了维护党的纪律，共和党全国总部宣布对五个擅自提前初选的州给予惩罚，削减这些州的全代会代表名额，五个州的全会代表被减去了一半。今后擅自提前初选的现象可能不再会发生，因为减少全代会代表的处罚相当严重，代表名额的减少意味着本州影响力的缩小。提前初选虽然可以增加本州的影响力，但是得不偿失。

共和党初选的选情跌宕起伏，很长一段时间内处于群龙无首的状况。两位前州长罗默和约翰逊不知为何原因被共和党排斥，没能参加共和党初选的辩论会。他们先后退出共和党的初选，分别成为美国的改革党和自由党的总统候选人。

罗姆尼起初势头强劲，处于领先地位。但是，当明尼苏达州联邦众议员巴赫曼宣布参加角逐总统候选人提名后，巴赫曼的声望一路飙升，罗姆尼的支持下滑许多。不久，得州州长佩里也加入竞选行列，他的声望又盖过所有的人，成为领头羊。后来，凯恩的风头又盖过佩里，成为最有希望的挑战者。金瑞奇后来居上，也红了一阵。由于金瑞奇保持绅士风度，坚持不负面攻击对手，让对手钻了空子。对手们一直不遗余力地大肆诋毁金瑞奇，使他遭受创伤。爱荷华州党团会议前夜，共和党候选人呈势均力敌的态势，很难分辩出到底谁占上风。

在第一个州的较量中，桑托罗姆先败后胜，比罗姆尼多得34票，取得关键性的首仗胜利。第一次的点票有误，罗姆尼以八票的微弱优势战胜桑托罗姆。结果重新点票时发现，这一统计不准确。

罗姆尼不甘示弱，很快拿下另一个州。金瑞奇凭借其超人口才和南卡的压倒性胜利，人气迅速上升。人们原以为罗姆尼能够拿下南卡，未想到被金瑞奇意外破局。虽然罗姆尼此后又拿下佛罗里达州和内华达州，桑托罗姆却又横扫三个中西部州。

罗姆尼和其他三名竞选者之间的斗争实质上是共和党内温和派与保守派之间的较量。共和党选民们在保守派与温和派竞选者中摇摆不定。金瑞奇和桑托罗姆等人联合起来共同对付罗姆尼。金瑞奇声称，共和党的中间派与温和派赢不了现任总统奥巴马，因为他们与奥巴马没有什么区别。罗姆尼在马萨诸塞州推行的医保与奥巴马的医保没有什么两样。金瑞奇提醒选民们注意，1996 年和 2008 年，共和党推举温和派人物竞选总统，结果均惨败而归。他坚信只有保守派候选人才能打败民主党。这一攻击颇有功效，共和党选民开始犹豫。当第一阶段的初选结束时，13 个州的选举结果显示，没有一位竞选者处于绝对优势。

第二阶段中最重要的初选发生在人们称之为"超级星期二"的 3 月 6 日。这一天有十个州同时举行初选。罗姆尼胜出，得到 38%的选票，拿下六个州。这一天的胜利基本上奠定了罗姆尼的共和党提名。当初选进入 4 月即第三阶段时，罗姆尼的胜利已经开始显现。共和党全国委员会于 4 月 25 日宣布罗姆尼为准候选人，公开对罗姆尼表示支持。罗姆尼得到共和党现行领导层的支持，这是因为，他们认为只有罗姆尼有可能战胜奥巴马。5 月 29 日罗姆尼拿下得州后宣称他获得全代会代表的票数已经过半。8 月 11 日罗姆尼宣布选择威斯康辛州联邦众议员莱恩为竞选搭档。

共和党原定于 8 月 27 日召开全国代表大会。不请自来的热带风暴"艾萨克"迫使大会后推议程。2008 年共和党全代会也有相同的经历。"古斯塔夫"飓风带来的大雨使大会的许多活动被迫取消。相信迷信的人认为风暴的来临是不祥之兆。不幸的是，毫无科学根据的迷信竟然一语成谶。

8 月 28 日共和党全国代表大会正式开幕。谁知大会出师不利，缅因州的大多数代表因不满共和党全国委员会的代表分配方案愤然退席。这一小插曲突显共和党人心涣散。共和党全代会的主题是"未来更美好",党的政治纲领是:反对堕胎、反对同性婚姻、提高享受社会医保的年龄、对社会医保支付设立上限、设立外籍工人制度、对危险且无法遣送的外国人实行长期拘禁、对少女不提供避孕只主张她们自我节制、增加联邦储备的透明度、消除联邦税、反对旨在扼制气候变暖但不利于工商企业的立法、削减联邦环保署的权力提倡企业自律等等。

不少名人和要人在全代会上发言。值得一提的是罗姆尼的妻子。她的发言很煽情,整篇发言围绕着她的丈夫,大有号召女士们像她那样夫唱妇随的意思。她号召女士们围着锅台转,当好家庭主妇。她的其中一句话流传甚广。她说,"当你细听一下,你会听到女人们比男士们的叹息更多一些。这就是事实,不是吗?母亲们不得不更努力地做事,才能把一切料里得当。"妇女们叹息更多,从保守派的角度来说,妇女吃的苦更多,担负更多的家务是一种褒扬,对于女权主义和自由派人士来说却未必。

最有意思的是,共和党全代会上有一位前民主党要员戴维斯[①]发言。戴维斯是位黑人。四年前,他是奥巴马器重的助手,曾任奥巴马的竞选委员会主席(有两位主席)。2008年民主党全代会上,戴维斯作为重量级人物在大会上发言。令人预想不到的是,四年后的今天,戴维斯成为共和党人,在共和党的全国大会上毫不留情地抨击民主党攻击奥巴马。他的举动令民主党十分尴尬,却使共和党偷着乐。

民主党的全国代表大会在9月4日到9月6日期间举行。民主党在确定其政治纲领时出现两大分歧,一是关于提及上帝的问题,二是关于以色列首都是耶路撒冷的提法问题。民主党

[①] 亚瑟·戴维斯(Arthur Genestre Davis, 1967-),律师和政治家。曾为民主党人,2012年转党成为共和党人。

的政治纲领提出：解决就业问题、减少环境污染减少赤字、重建美国强大的经济、改革华尔街、加强社会凝聚力、保护权力和自由、保障生活的安全和质量、退出战争等等。

民主党全代会的第一位发言人是得州圣安东尼奥市市长卡斯特罗[①]。这位年仅 37 岁的拉丁裔是民主党的一颗政治新星。民主党安排他作为大会首位发言人的用意十分明显。民主党通过卡斯特罗向民众表明，民主党注重少数族裔，是一个能够代表各少数族裔利益的政党。当晚奥巴马夫人的发言把大会推向一个新的高潮。

在众多的发言人中，前总统克林顿的表现和作用不能不提。克林顿夫妇与奥巴马素有裂隙。2008 年克林顿总统夫人与奥巴马竞选民主党总统候选人提名结下了梁子。克林顿曾揶揄奥巴马，称其"只配给我们拎包"。但是，克林顿夫妇能够放下个人恩怨、不计前嫌，在 2012 年大选中力挺奥巴马。

2012 年共和党的初选中，支持度最高的共和党初选领头羊七度易位，是 1964 年有民调纪录以来，共和党选情最混乱的一役。历史表明，任何政党在初选阶段陷入混战，都不利于最后的大选。即使初选后该党能够勉强共推一名候选人，均无法在大选中胜出。此次共和党激烈的内斗，使得民主党人渔翁得利。为了取得共和党的提名，罗姆尼不得不在重大问题上一再变更自己的立场，以便争取更多选民的支持。民主党和共和党的对手取笑他是"墙头草"。共和党候选人面临着两道截然不同的门坎。第一道是党内的保守派门坎，没有保守派的支持，候选人休想获得提名。第二道是党外中间派的门坎，当成为共和党提名的候选人以后，他需要争取摇摆不定的中间派选民的支持。共和党竞选者左右为难往往顾此失彼，罗姆尼也不例外。

[①] 朱利安·卡斯特罗（Julian Castro，1974-），民主党人，现任得州圣安东尼奥市长。

共和党全代会以后，深受内伤的罗姆尼带着满身伤痕投入到与奥巴马的争夺总统宝座的战斗中。

共和党的初选就此结束。但是，对于有些人来说，事情还没有完。金瑞奇以失败告终退出初选。初选给他留下的是一笔巨大的欠款。竞选使金瑞奇背上 430 万美元的债务，创下记录。初选时，竞选者常常会透支经费。因为，他们指望如果胜出，他们可以从本党的募捐人那里得到补偿。因竞选欠债排第二的是拉罗奇[①]。1984 年他欠下 320 万美元的债务。有的钱是他以贷款的形式募集来的。1988 年他被判刑，因为陪审团发现他申请贷款时，根本没有打算归还这些欠款。

募捐的竞选款项使用不当也会招来麻烦。爱德华兹[②]在 2008 年竞选民主党总统提名时，通过其竞选财务主席每月给他的情妇 9,000 美元生活费。丑闻曝光后，爱德华兹被告上法庭。尽管爱德华兹最终没有被定罪，但是此事对他的名声打击甚大，他的政治生涯基本结束。

从某种意义上讲，美国也存在买官现象。例如纽约市市长共和党人布隆伯格[③]，2001 年为了当上纽约市长，自掏腰包 7,300 万美元用于竞选。纽约是民主党的天下，布隆伯格凭借自己雄厚的财力和卓越的商业才干赢得选举，成为第二位共和党人市长。当选市长后，布隆伯格没有住进市长官邸，仍住在自己的家中，常与市民一起乘坐地铁上班。他的年薪是象征性

[①] 林登·拉罗奇（Lyndon LaRouche，1922-)，经济学家，哲学家，政治活动家，一些政治团体的创始人。曾八次参选总统候选人提名。

[②] 约翰·爱德华兹（John Edwards，1953-)政治家，前北卡罗来纳州联邦参议员，2004 年民主党副总统候选人。

[③] 麦克尔·布隆伯格(Michael Rubens Bloomberg, 1942-)，商人，政治家，慈善家，亿万富翁，共和党人，现任纽约市长。

的一美元。2005 年，他竞选连任成功。两次竞选花费达 1 亿 5,000 多万美元。

中国有句俗话叫做"升官发财"。如果升官非但不能发财，而且还要破财，这个官作起来就没有多大意思。花钱买官，做了官以后不取报酬的赔本买卖，实在让人不可思议。更不可思议的是，有的人明知花钱也作不成官，却硬要砸钱。得州的石油大亨，亿万富翁佩罗①就是一位这样的"傻冒"。佩罗于 1992 和 1996 年两次以第三党人的身份问鼎美国总统宝座。这是两场注定要失败的竞选，可是佩罗不惜投下 2,800 多万美元的巨资。他的举动在大多数中国人的眼里实在令人费解。这也许是美国的一大特色。

---

① 罗斯·佩罗（Ross Perot，1958-2019），商人，亿万富翁。

大选 2012

获得共和党提名以后，罗姆尼和莱恩可以全力以赴地对付奥巴马总统。早在共和党初选群雄混战阶段，众多的共和党候选人并没有忘记他们的共同敌人是奥巴马总统。他们一方面相互攻击，另一方面又共同抨击奥巴马所推行的政策。以罗姆尼为代表的共和党与以奥巴马为代表的民主党推行的政策有不少差异，主要表现在以下几个方面：经济策略、医疗保健、移民政策、同性婚姻和堕胎。

面对低迷的经济困境，美国人民首先关注的是如何振兴美国的经济。奥巴马提出"开源节流"的方案，这是一个双管齐下的平衡方案。"开源"是增加对富人的税收。奥巴马建议对年收入超过 25 万美元的家庭撤消布什总统的减税。"节流"是缩减战争费用，奥巴马一上台就致力于解决前任总统遗留给他的战争难题。小布什当政时两面出击，使美国陷入伊拉克和阿富汗两个泥坛。奥巴马确定美国退出伊拉克和阿富汗的时间表。军队可是个费钱的主，战争的耗费是惊人的。以目前的经济实力，维持在伊拉克和阿富汗驻军已经使美国不堪重负。

罗姆尼则提议把小布什的减税政策永久化。他的经济政策就是不断念叨"减税、减税、再减税"。罗姆尼叫得最响的口号是减少政府赤字。罗姆尼提出的灵丹妙药是削减与维护美国安全无关的政府开支。这就是说，除了军费开支和反恐开支，其他的政府开支全部缩减，例如社会保险和社会医保等等。这一缩减政府开支的方案，对穷人的影响最大。大量的老人和穷人将会因社会保险和社会医保的减少而生活水平有所下降。

在这里不得不提及小布什时期的减税政策，因为奥巴马和罗姆尼的争论的焦点之一是围绕着这一减税政策进行的。小布什上台后签署了两项提案，《经济增长与税收减免调整法》（2001年）和《就业与增长减税调节法》（2003年）。两法规定，每个家庭每年可以获得固定的数百美元的退税。而且所得税税率有不同程度的降低，每个家庭又可获得不同程度的减税。美国采取累进税制计算税率，过去的税率分别为10%，15%，28%，31%，36%，39.6%。新法提升了个人所得税的起征线，同时降低税率，原来15%的降为10%，28%的降为25%，31%的降为28%，36%的降为33%，39.6%的降为35%。投资收益的税率也有所降低。

小布什的减税措施得益于克林顿总统当政时期的功绩。克林顿治国有方，运气也特别好，1999年美国政府的财政出现历史上最大的盈余，达到1,230亿美元。在此前的两年间，美国政府还债达到1,400亿。这就意味着仅1999年，美国政府减少了900亿美元的债务利息。根据当时的预测，美国政府将在2015年彻底还清债务。正是在这一片大好形势下，接任的布什总统提出大幅度减税。他的口号是，政府盈余的钱属于人民，因此必须归还给民众。

小布什总统的减税法到底让谁受益更多？减税是否对经济发展有利？这两个问题到目前为止还没有定论。共和党认为减税加快经济恢复的步伐，促进就业。由于全民减税，尤其是富人减税，富人的避税现象减少。为了逃避高额的所得税，不少富人采用正当的和不正当的方法进行逃税。根据华尔街日报的估计，由于税率的降低，2006年百万富翁上交的税额比2003年增加1,000多亿美元。有一家研究机构做出结论说，富人承担更多的税赋。

但是华府的"预算与政策研究中心"则认为减税的最大受益者是富人，百分之一的富人享受减税总额的 25%。民主党人抨击布什的减税政策给穷人和中产阶级减税是假，让富人享受更低的投资税率是真。还有数家研究机构指出，布什总统的减税政策加剧贫富差别，减税非但没有刺激经济，反而带来巨大的政府预算赤字。

国会研究事务处的报告说，富人减税与经济增长无关。富人减免交税并没有导致储蓄、投资、生产力和经济体的增加，但是却明显地增加贫富差别。从里根总统开始，近 30 年来，共和党坚信减税可以刺激经济，但是没有证据表明这一观点是正确的。该研究事务处不属于任何党派，是个无党派的机构。

目前的税率是美国历史上最低的。即使税率恢复到克林顿当政时期的水平，税率也是相当低的。美国千分之一最富有的家庭占有社会总资产额比 1945 年时增加了两倍多，2007 至 2009 年间达到 9.2%，在金融危机前曾达到 12.3%。

一般人认为共和党对商业友好，注重效率，善于搞经济。支持罗姆尼的人们尤其相信这一点。不过根据布隆伯格（也译为彭博）新闻社及福克斯新闻社的报导，结论可能让人大跌眼镜。统计美国股市表现，共和党总统当政时期的股市比民主党总统当政时期的股市上涨要小得多。例如从 1901 年开始，S&P500 年平均上涨率，民主党总统时期为 12.1%，而共和党总统时期仅为 5.1%。GDP 也是如此，从 1949 年开始，共和党总统年平均增长为 2.6%，而民主党总统年平均增长为 4.2%。当然，不仅总统对经济有影响，国会、美联储等都会对美国的经济产生影响。不过，总统的影响力是不可否认的。上述数据至少部分地说明共和党的政策未必对美国的经济有利。

支持奥巴马对富人加税的不仅有穷人，而且还有富人。亿万富翁股神巴菲特呼吁对富人增加税收。爱国百万富翁协会也呼吁对他们加税，他们声称他们"可以付得起"，真有点"跪求"对富人加税的意思。美国众多的富人依靠投资收入。美国的税法对投资收入的税收相对低，所以越富有的人税率越低。

罗姆尼近年来缴税的税率低于15%，比一般工薪阶层的人们还要少。罗姆尼2010年收入2,170万美元，只交纳了300万美元的税款，税率不到14%。罗姆尼只肯公开近两年的报税单，至于以往的交税情况就不得而知。如果他过去缴纳的所得税比近两年的税率高的话，罗姆尼肯定会毫不犹豫地公布他的税单。罗姆尼只是一再强调，他往年交的税率不低于13%。共和党初选期间，金瑞奇对罗姆尼的这一软肋进行过无情的批判。相比之下，金瑞奇比罗姆尼的缴税多得多。2010年，金瑞奇夫妇挣了314多万美元，交99多万美元的税，税率高达31.5%，因为金瑞奇的收入主要来自于他的一家私人公司。如果按照罗姆尼的税率，金瑞奇只需交40多万美元。在公开收入和纳税方面，罗姆尼一直处于被动的地位。他的对手，无论是共和党的竞争者还是民主党的奥巴马，均不轻易地放过这一软肋。奥巴马的竞选团队放风说，如果罗姆尼公开近五年的税单，他们将不再在税单问题上纠缠。既然罗姆尼声称他往年的税率不低于13%，他必须拿出证据。

面对奥巴马阵营的强有力的攻击，罗姆尼的竞选团队回应道，奥巴马只对罗姆尼的税单感兴趣，对竞选中更重要的问题（如就业问题和紧缩开支）不感兴趣。看来罗姆尼在这一问题上是理屈词穷。正当公众密切关注罗姆尼的税单问题时，有人写信公开宣称从罗姆尼聘用的会计事务所里盗窃了罗姆尼20余年来的报税单。窃贼开价100万美元，否则将在三星期内公开所盗窃的资料。此事惊动了保密局和联邦调查局，对这一事件进行调查。从窃贼的公开信中可以看出一些漏洞，整个事件似乎更像是讹诈。此事后来不了了之，没了下文。

巴菲特认为，像罗姆尼这样的富人，通过把钱从一个地方挪到另一个地方以钱生钱，比工薪阶层打工容易得多，理应多交税才是。加州州长民主党人布朗认为，美国的富人在道德上有责任多交税。加州和纽约州拟征富人税，以解决长期的财政危机。

从表面上看起来，穷人与富人的关系是敌对的。似乎财富就这么多，有我没你，有你没我。其实穷人与富人是相互依赖的关系。如果把富人比作种子的话，穷人好比土壤。树种需要土壤才能生根成长。富人的发家致富，必须有穷人的帮衬才能实现。富人开设工厂，需要有穷人来做工。工厂生产出来的产品需要民众（包括穷人）来购买，工厂才能维持生存。富人离开广大民众，就会像种子落在沙漠里一样，迟早会枯死。一个国家如果没有大量稳定的中产阶级存在，富人不能继续保持和发展财富，继续过富裕的生活。美国的经济危机的原因之一是广大民众的购买力下降造成的。如果百姓手中有钱，尤其是穷人们手中有钱，消费就会被带动起来，整个经济就会重新启动走出低谷。奥巴马和民主党坚持给低收入的人减税，对富人增税，目的是使广大民众手中有更多的银子来刺激消费，从而推动经济的启动。

罗姆尼与奥巴马在政策上的第二个分歧体现在医疗保健上。美国虽然号称世界强国和富国，但是与其他西方国家相比，在医疗保健方面却不尽人意。美国至少有 16% 的民众（4,900 万人）没有任何医疗保险。

美国在世界各地帮助建立全民医疗保健，美国支持的医疗保健系统让世界上数百万人的生命得到挽救。全世界最好的医疗体系在日本，是美国人帮助建立的。有位资深的外交专家告诉"美国之音"，二战后美国帮助很多国家（包括西欧和日本）

建立了全民医疗保健体系。这一政策成为美国与日本和西欧的桥梁。

可是，美国在国内却一直无法建立全民医保，为美国的穷人和中产阶级提供有效的医疗保健。在美国，全民医保的争论有 100 多年。1912 年，老罗斯福总统试图推行全国医保计划。1935 年，小罗斯福总统在大萧条时期支持建立全国医保，但是后来决定推行社保体制。1945 年杜鲁门总统呼吁国会建立全国医疗保险项目，被右翼人士批为"社会主义"医疗计划而未能成功。1965 年，约翰逊总统执政时创建两个政府医疗系统，针对老年人的"联邦医疗保险系统①"和针对穷人的"医疗补助系统②"。1993 年克林顿总统试图推出全民医保，要求企业为员工提供医保，要求每人购买医疗保险，遭到共和党的强烈反对。

美国人中约有 31%的民众依靠政府的医疗保险系统。由于私营的医疗保险份额呈下降趋势，政府经营的医疗保险系统越发显得重要。奥巴马通过不懈的努力，终于在 2010 年 3 月签署了具有里程碑意义的《病患者保护与平价医保法》③。该法也被称为《奥巴马医保法》。该法建议成立公营的医疗保险，管制私人市场，规定美国全民购买医保。该法规定医疗保险公司不能因为投保人在投保前已存在的疾病拒保或者投保后患病取消保险。根据国会预算署的预测，没有医保的人数将减少 3,300 万，有利于缩减政府赤字和联邦医疗保险的花费。

买不起医疗保险的美国人可以申请加入政府运营的联邦医疗保险和医疗补助两大系统，或者通过减税免税和新建的"健

---

① Medicare，也译为医疗关怀系统，由联邦政府经营。

② Medicaid，也译为医疗帮助系统，该医疗系统由联邦与州共同经营。在有些州里，该系统采用不同的名称。

③ Patient Protection and Affordable Care Act，也译为"患者保护与廉价医疗法"。

康保险交换系统"得到资助。这一方案将使大多数没有医保的中低收入的美国人可以有医保。小业主也可以通过健保交换系统为自己的雇员购买医保。健康保险交换系统是州或联邦政府管理的网络市场，个人可以通过这一市场寻找平价的医保。该系统将于 2013 年 10 月开通，2014 年开始投保。

罗姆尼在担任马萨诸塞州长期间签署类似的法案，但是他认为这样的法案不宜在全国推行，所以声称如果他上台，他将废除全民医保，鼓励个人购买自己的医保，而不是通过雇主购买医保。

共和党起初试图在国会里提出新的法案，推翻《奥巴马医保法》。奥巴马毫不示弱，公开声称，即使共和党得逞，他将不惜使用手中的总统否决权阻止新法案的实施。共和党在国会失败后，转而采用法律手段，近 30 个州（还有个人）向联邦法院提出多桩起诉。他们的攻击点选在《奥巴马医保法》中的一个条款，该条款要求每个美国人购买医疗保险，否则联邦政府将处予罚款。反对的理由是该条款超越了宪法赋予国会的征税权力。他们把强制性罚款看作是某种形式的征税。《奥巴马医保法》的核心是强制每个美国人购买医疗保险。无论是赞成或反对该法的人们有一个共识，如果强制性条款失去合法性，那么《奥巴马医保法》将被釜底抽薪，失去存在的意义。俗话说，打蛇要打七寸。反对人士的这一招非常厉害。

反对奥巴马医改的人士辩称，政府没有权力强迫个人购买某种产品。政府不能因为绿色食品有利于健康而强迫国民一定要买芥蓝吃。医保在美国可以看作为一种产品。支持奥巴马医改的人士则反驳说，医保不像芥蓝[①]可吃可不吃。每个人在一生中总会需要医疗救治，购买医保是为医疗提供资金。这一点

----

① 也有人叫做西兰花。

很像强制性购买汽车保险，驾车人不能把事故风险转嫁给社会或者他人来承担。

美国的法律规定医疗机构不得因病人交不起钱而拒绝抢救危重病人。许多穷人无力购买医疗保险，到了真正需要救治时，医院和医生不得不为他们救治，花费的医疗费用只好由社会或购买医疗保险的人们分担。社会医保和私人医保自然不堪重负，保费连年激增。强制社会成员人人购买医疗保险为解决这一困境提供了一条出路。在最高法院的辩论中，大法官使用了芥蓝作为例子，一时间芥蓝在美国的媒体迅速走红，成为当时最流行的词汇之一。

反对奥巴马医改的人士认为，政府运营的机构成本高、效率低、服务差。毋庸置疑，政府机构给人的印象确实不好。不过庞大的私营医疗保险系统也好不到哪儿去。那么是私营的医疗保险公司成本低，还是政府运营的医疗保险更省钱呢？

赞成罗姆尼主张的人士认为，政府管理的医疗系统的成本已经高到失控了。赞成奥巴马主张的人士则认为，尽管在 2009 至 2010 年，低迷的经济使许多美国人加入政府管理的医疗保险系统，从而费用大幅上涨，不过长期的现实是，政府的医疗保险系统在控制成本方面，比私营体系好得多。这是因为，庞大的政府医疗保险系统在与医疗和医药产业集团的讨价还价中更加有效。无论是医院、医生还是制药商，对于政府运营的医疗保险系统这一巨大的市场是不会视而不见的，是不会不动心的。

在美国难以推行全民医保的原因之一是，美国的医疗保险体系非常庞大，机构错综复杂，这些机构并不急于看到政府在公众的医疗保健生活中扮演更重要的作用，因为如此一来，他们的重要性和他们的盈利就会减少。

关于移民政策，奥巴马主张让部分非法入境者能够合法居留，同时规定这些人需要学习英语并支付罚款。奥巴马赞成加强对雇用非法移民的惩罚，沿美墨边境兴建围墙阻止非法移民进入美国。以罗姆尼为代表的共和党则主张严厉打击非法移民，罗姆尼提出取消某些吸引非法移民的福利的建议，如减免非法居民付本州大学学费[①]等。罗姆尼任马萨诸塞州州长期间，曾否决一项类似《梦想法案》的州立法。共和党初选时，他表示如果他当选总统将否决此类法案。他的这一举动对争取少数族裔极为不利。

美国移民问题在总统大选时，向来是不可回避的议题。因为少数族裔选民在美国所占的比例越来越大，两党候选人不能忽视少数族裔选民的作用。2011 年 6 月，选情出现对奥巴马不利的情况，奥巴马出其不意地利用手中的权力，宣布停止遣返儿童时期进入美国的部分年轻守法的非法移民，并向其发放工作许可证。这项几乎等同于"大赦"的政策将使 170 万人受益。奥巴马的这着棋使他的人气飙升，民意支持率出现 U 型回转。对于这项行政命令，罗姆尼宣称，如果他当选总统，他不会给与延续。民调显示，53%的受访者表示将把选票投给奥巴马，表示支持罗姆尼的只有 40%。而此前多项民调显示，两人的支持率不相上下。

对于同性恋，奥巴马和民主党表现出了更多的宽容和理解。奥巴马公开支持同性婚姻，推动国会废除"不问、不说"政策，允许同性恋参军。罗姆尼则坚决反对同性恋婚姻，支持"不问、不说"政策。

承认同性婚姻具有社会、法律和经济三个方面的意义。无论人们对同性恋持何种态度，同性恋的存在是不容否认的事实。

[①] 在美国，本州的居民上州内的公立大学可以享受优惠的州内学费。外州学生和国际学生则需缴纳高得多的学费。

如果同性婚姻获得承认，同性恋者的社会地位将向前跨一大步，同性恋者不再是二等公民。在法律上，同性婚姻等同于异性婚姻，可以保障同性恋者的合法权力，今后同性恋者的结婚和离婚将有法律保护。在经济上，由于同性婚姻在法律上的认可，同性恋者在财产继承和分配、福利享受等方面可以与异性恋者平起平坐。

美国的军队对军人采取"不问、不说"的政策。军队不询问其成员是否是同性恋，军人也不公开宣布是同性恋者。尽管这种政策比不允许同性恋者参军好得多，但是同性恋者仍然只能以地下方式保持关系。

2012年的5月，奥巴马总统突然宣布，他公开支持同性婚姻。这是因为，几天前副总统在一次新闻访谈中公开表态支持同性婚姻。奥巴马原准备晚些时候才公开这一立场。同性婚姻问题是个极富争议的问题，搞不好会使选民反水，投向对方阵营。同性恋组织深知此事关系重大，所以尽管他们积极支持奥巴马总统，但是从实际利益出发，并没有对奥巴马施压，让他公开表明支持立场。奥巴马在同性婚姻问题上的立场不仅会受到共和党阵营的反对，也会受到来自民主党阵营中保守派的反对。奥巴马的这一举措不能不说是一着险棋，也是一着无奈的被动棋。

堕胎问题在美国是一个敏感而又极有争议的问题。反对堕胎的人士自称为"胎儿生命权派"，认为人的生命从精子和卵子结合的瞬间就开始。而支持堕胎的人士则自称为"女性选择权派"，认为保不保肚子里的胎儿是妇女自己的事，与他人无关。

奥巴马支持女性选择权派的观点，认为如何处理女性肚子里的胎儿，是女性自身的权力，他人不应该说三道四。罗姆尼则认为，既然胎儿也是生命，那么结束无辜的生命是错误的和可悲的，法律应该体现这一观点，应该推翻联邦最高法院 1973 年的裁决[1]。最高法院当时裁决堕胎合宪。

堕胎问题是妇女问题的一部分。有些共和党人的言行出了格，引起了妇女的强烈不满。竞选密苏里州联邦参议员的艾金[2]提出一项提案，旨在阻止把纳税人的钱用于妇女堕胎。这位口无遮拦的共和党人在电视采访时说，真正的强暴[3]几乎不会导致女性怀孕，因为女性身体有着中止整个过程的机能。更要命的是，他的讲话中还有用词不当的毛病。修饰强暴的形容词是个多义词，既可以理解为"法律上的"又可以理解为"合法的"。在这里，根据上下文比较准确的意义应理解为"真正的强暴"。

他的讲话遭到媒体和民众的炮轰，引发了整个政坛的愤怒，共和党担心本党利益受损，忙不迭与其划清界线，更有党内大佬出面敦促他退选。这一事件决非偶然，反映出共和党在妇女问题上的态度。艾金顶住各方面的压力，坚决不退出竞选，共和党只好妥协，转而又支持他。不过选民用选票表明，歧视妇女的政客不受欢迎。艾金最后以败选告终。

政客讲话不慎重的后果是严重的。1990 年在得州州长的竞选中，共和党候选人威廉姆斯[4]说，"当被强暴不可避免时，不如放松享受强暴。"威廉姆斯遭到媒体和民众的炮轰，民调原

---

[1] Roe v. Wade，罗诉韦德 案，1973 年，410 US 113，是美国联邦最高法院对于妇女堕胎权以及隐私权的重要案例。最高院承认妇女堕胎权受宪法隐私权的保护。

[2] Todd Akin，共和党人，原联邦众议员，密苏里州人。

[3] Legitimate rape。

[4] Clayton Williams，得州商人，石油和天然气大享。

本领先对手 20 多个百分点的他为此丢失了大量的选票，民主党候选人理查德①幸运当选，成为得州第二位女州长。

保守的媒体名人也有口无遮拦的。普瑞米尔广播网②脱口秀主持人林堡③指责一名支持奥巴马节育政策的法学院女生为"荡妇"，引起轩然大波。他的讲话为保守派和共和党抹了黑。尽管他后来道了歉，但是不利影响是无法挽回的。妇女问题上的观点和立场将决定女性的选票。很显然，奥巴马的主张和立场更受女性的青睐。

为了使选民们能够了解竞选人的政治主张，同时为了拉选票，竞选人必须四处奔波，到处演讲。在选举政治下，美国的政界早已形成一套为官的形象之道。亲民形象是其中最重要的一条。奥巴马到一所大学演讲，在走向其专车时，一名女学生不慎将酸奶洒在他的裤子上。奥巴马立刻用餐巾纸擦干净。他不仅没有责备那么女学生，反而开玩笑说道："你把酸奶撒到总统身上，这下有故事可讲了。"

奥巴马在演讲中谈起了这个小插曲，开玩笑道："一名女士非常激动兴奋，朝我泼酸奶。或者，她本意是想泼给特勤局人员的。他们当时站在那里看着她。"一件很尴尬的事情经奥巴马之手变成了一个轻松的笑话。

奥巴马的工作和生活照片体现了总统的亲民形象。有几张照片特别受到民众的热捧。第一张是一位黑人小孩子摸奥巴马头的照片。那位黑人小孩子叫雅格布·费拉德费亚。他的父亲在国家安会委员会服务两年期满。离任前，他们一家与总统合影。当全家离开时，这家的孩子每人问总统一个问题。小雅格布问总统，"我想知道我的头发是否和你的一样。"

---

① Dorothy Ann Willis Richards （1933-2006），政治家。

② Premiere Radio Networks。

③ Rush Hudson Limbaugh III，美国保守派电台脱口秀和政治评论家。

奥巴马回答道,"你为什么不自己摸摸看呢?"说着,他低下头走到雅格布面前。小孩子有点迟疑,奥巴马鼓励道,"摸呀。"雅格布摸了摸总统的头。摄影师抓拍了这一瞬间。

奥巴马问小孩子,"你感觉怎样?"

小孩子回答说,"对,感觉是一样的。"

在白宫,最近几十年美国总统工作和生活照片挂在西厢,每张照片不久会被新照片取代,但是这张照片却挂在那里长达三年。还有一张照片很有意思。2009 年 4 月,美国大使馆的工作人员在布拉格的一家酒店欢迎奥巴马总统,奥巴马举起了一名婴儿,这位可爱的小朋友对总统先生的大鼻子更好奇,竟然用小手抓住总统的鼻子。

奥巴马在佛罗里达州访问时,造访一家比萨店。这家比萨店的老板出人意料地把奥巴马总统抱起来。老板的力气惊人,把奥巴马抱得双脚离地。一旁的安保人员张口结舌。这位老板是共和党人,但是他表示这次选举他支持奥巴马。此事一出,引发不少争议。有的人斥责熊抱事件是演戏炒作,如果没有事先安排,保镖在一旁袖手旁观不合情理。

亲民秀稍有不慎也会给政客带来麻烦。奥巴马出席旧金山募款活动,亲自到一家中餐馆去取外卖。总统意外的现身使正在就餐的民众大为惊喜,人们纷纷要求与总统合影留念。谁知,这家中餐馆提供鱼翅汤,环保人士对此大为不满。鱼翅美食把鲨鱼推向绝境,奥巴马出现在这家餐厅,无形中伤害鲨鱼,伤害环保人士的努力。

尽管如此,奥巴马给民众留下比较好的印象,这与他深谙此道有关。奥巴马夫妇在穿着上非常注意,身上没有奢侈品牌。穿衣不在贵,在得体。奥巴马的正装很讲究,能够传递领袖气质。奥巴马出席各种公众场合总是穿深色西装,搭配浅色衬衫以及色彩欢快的领带。时尚评论家称赞奥巴马的时尚品味很棒。

而奥巴马的对手，共和党副总统候选人莱恩的衣着却饱受病垢，有损形象。

奥巴马的三块手表并非名牌，最贵的不超过700美元，最便宜的只有80多美元。第一夫人上电视，穿的上装仅35美元，合人民币约200多元。总统的皮鞋曾出过名。2008年竞选期间，奥巴马的皮鞋底露出破洞成为一大新闻。此次竞选，奥巴马诙谐地解释说，他已经换过皮鞋底了。总统的黑莓手机只有几十美元。所有这一切使得奥巴马获得了民众对他的良好印象，对他的日后当选不无益处。

更重要的是，奥巴马能够机智灵活地处理尴尬局面。第二次总统辩论时，面对全国甚至全世界关注的大舞台，当晚提问的观众都很紧张，大多埋头念事先写好的稿子。有一位提问者想脱稿直接问罗姆尼，结果因为紧张忘了词，不得不掏出皱巴巴的稿纸完成提问。尽管回答者不是奥巴马，可是奥巴马却善解人意地在一旁安慰说，"你干得不错。"奥巴马的赞扬温暖人心，不仅打动这位观众，更加触动许多在电视前的观众。相比之下，罗姆尼只是死板地回答问题，显得毫无生气。

与这一情景相媲美的是1992年老布什与克林顿辩论时发生的事情。一位观众因为紧张，问题没能说清楚。老布什以听不懂问题为由没有回答。而克林顿却出手解围说，"我想我明白你问的是什么。"克林顿简单地复述那位观众的问题，并且清晰地给出自己的回答。这一举动让克林顿赢得观众的好感。

到了选战的最后关头，奥巴马来到威斯康辛州的民主党竞选总部，鼓励和感谢支持者。他打电话给一位妇女。当奥巴马自报姓名时，接电话的那位妇女楞了半天没回过神来，以为是有人开玩笑。奥巴马一连打了六个电话给志愿者，向他们表示感谢。这一举动又为奥巴马赢得民心添了不少分。

相比之下，罗姆尼在亲民方面的表现有些差强人意。罗姆尼在其周围人中的口碑不错。但是，罗姆尼生性严肃，适合商业环境，使他在亲民形象方面失了不少分。为了弥补，他也开始打亲民牌。奥巴马在新罕布什尔拉票时抱起一个四个月大的女婴，大显亲民风范。在这方面，奥巴马似乎很有经验。他能够让婴儿抓他的大鼻子说明了问题。罗姆尼不甘示弱，在佛罗里达州拉票时，也抱起一位支持者的女婴，谁知这个女婴很不给面子，吓哭了。罗姆尼只好再找个不哭的小孩子抱上。

政客有的时候会遇到非常尴尬的事情。金瑞奇夫妇到明尼苏达州的明尼阿波利斯市进行新书签名活动，一位同性恋支持者把一筒闪光纸屑倒在他们头上，搞得金瑞奇夫妇狼狈不堪。这是考验政客的时刻，如果金瑞奇勃然大怒，继而发飙，他肯定会在民心上失分。幸好金瑞奇夫妇只是面带尴尬，理理头发，继续签书，没有被媒体抓到什么把柄。否则媒体是不会放过攻击政客的绝好机会的。另有一次，一位小朋友嗫嚅地走到金瑞奇面前，似乎有话要说。金瑞奇本以为可以大展亲民秀，于是和颜悦色地问小朋友想说什么。这位小朋友不客气地告诉金瑞奇，"我妈妈是同性恋不关您的屁事。"金瑞奇对小孩子无可奈何，只好不做声看着小家伙离去。

当然，打亲民牌是政治做秀，真正的亲民是为民众的利益表虑。罗姆尼在这方面不敌奥巴马。罗姆尼在一次私人富翁筹款晚会上坦承道，对于低收入水平的选民，他无意争取他们的选票，因为"不管怎么样，都将有 47%的人投票给奥巴马。"在罗姆尼眼里，这些占人口 47%的民众无药可救，只会依赖政府。他不会为这些人操心，也不会去说服他们，让他们知道照顾好自己是个人的责任。

不幸的是，这段讲话被人偷偷地录下来，并且放到网上。罗姆尼的愚蠢言论侮辱近半的美国人，导致民众强烈反弹，引爆一颗政治炸弹。深知大祸临头的罗姆尼在接受媒体采访时神情落寞，疲备沮丧。其实，如果罗姆尼事先做些研究的话，不会说这样的蠢话。美国人中确有不少人不交收入所得税，但是他们"非不为也，实不能也。"根据无党派的"税务政策中心"的调查，一半没有交税的家庭是穷得拿不出钱来，另一半没有交税的家庭则只能依赖减税和其他补助过活。不交税的人士大多数是穷人和老人。其实这些人也不是一点税都不交。无论再穷，美国人必须缴纳销售税。如果一个人有工作，他必须缴纳联邦医疗税和社保税，在许多州还需交工资税。而依赖社保的老人在年轻时也交过社保税，为国家做出过贡献。

他在讲话中曾说到他的妻子愿意开几辆凯迪拉克汽车。凯迪拉克可是美国的名牌豪华轿车，不是一般人可以买得起的。他还曾说自己凭演讲挣的钱不多，每年只有 37 万美元。要知道，2009 年的美国，有 50% 的家庭年平均收入只有六万多美元。50% 的黑人和拉丁裔家庭的年平均收入在 37,000 美元左右。罗姆尼一个人赚的外快是黑人和拉丁裔家庭年收入的十倍。

他还曾对大学里的学生传授创业经验。有人问他如何找到启动资金时，这位不知百姓疾苦的富二代兼官二代告诉学生，他们可以向自己的父母借钱创业。这样的讲话，给人一种"百姓无粟米充饥，何不食肉糜"的感觉，真是饱汉不知饿汉饥。

在竞选过程中，罗姆尼为了迎合共和党基层群众的口味，几乎放弃了他当初所有的立场，包括医保、同性恋和移民问题。奥巴马竞选团队最初计划把罗姆尼塑造成"政治墙头草"。但是克林顿献计说，这样做只会令中间选民倾向罗姆尼。克林顿其后提议，把罗姆尼打造成"不知民间疾苦的富人"。这一招非常有效，成功地离间了罗姆尼和广大的选民。

选民们对罗姆尼不甚满意。他的财富来路不正当，他经营的不是正儿八经的企业，而是通过买卖重组公司攫取利润。罗姆尼的富有成为他与选民们之间的无形障碍。这为他的失败埋下伏笔。共和党人选择罗姆尼作为候选人问鼎总统是不得已的无奈之举，因为他在共和党候选人中算是最有可能挑战奥巴马的。

在美国做官，只会刻板地重复外交辞令是不行的，只会无趣地读讲稿就更不行。官员们的演讲和辩论能力必须非常出色，因为百姓、媒体和对手都在想方设法给他们出难题下套子让他们难堪。靠外交辞令顾而言他是混不过去的。有的时候，一场精彩的演讲和辩论能让政客一鸣惊人，从此青云直上。如火如荼的竞选进入电视辩论的关键环节，这是堪称全球最盛大的竞选活动。美国和世界各地的广大民众通过电视转播，直接领略总统候选人的风采。

如此重要的辩论，任何一方都不敢等闲视之。辩论的重要性催生一个行业，叫做辩论咨询业。辩论顾问的任务是帮助政客掌握辩论技巧，为辩论做好准备。辩论的一个重要技巧是"偷梁换柱"。就是说，提出的问题涉及某个方面，而辩论人略施小计，把回答转移到另一个方面。例如 2004 年总统竞选辩论中，主持人问小布什关于失业的问题。主持人的原意是想让布什总统对失业的人们谈谈他的想法和打算。布什总统的回答非常有意思。他先是许诺他将继续发展经济，然后悄悄地话锋一转，念起他最拿手的教育经，大谈提高教育质量，不让一个孩子落下的方案。他声称，他到白宫是为了解决存在的问题，而美国现在的问题是公立教育问题。布什只用两三句话，就把问题从失业转移到教育上，并且给出他的解决方案。

这就是"偷梁换柱"的伎俩。按照一位辩论顾问的估计，有百分之六十到七十的时间，辩论人都在使用这一技巧。一位哈佛大学的心理学教授对这一现象产生兴趣。他不理解为什么观众们未能察觉政客的这一伎俩，对此做了一个有趣的研究。

他对辩论做录像。主持人问许多问题。第一个问题是关于美国的医疗保健。政客对这一问题作了详细中肯的回答。教授又把这一回答放在关于毒品使用的问题后面作为回答。这是两个完全不同的问题。

　　第一组人员观看的是候选人用医保的回答解答医保的问题。第二组人员观看的是候选人用医保的回答解答毒品使用的问题。当然，在医保和毒品使用之间，教授加了一点过渡，使偷梁换柱显得自然一些。第三组人员观看的是候选人用医保的回答解答反恐的问题。录像结束后，教授提出两个问题：你能记得提的问题是什么？回答人是否诚实、可爱和可信？

　　第一组人员能够记得问的问题，并且认为候选人诚实、可爱和可信。第二组人员不记得问的问题，但是他们觉得候选人诚实、可爱和可信。只有第三组的人发现候选人不诚实，是个滑头。这位教授得出结论说，观众们只能发现明显的搪塞，但是发现不了巧妙的偷梁换柱。这是因为，观众的注意力有限，当人们观看辩论时，人们只注意评判辩论人，而忽略提出的问题。只有当辩论人明显地答非所问时，人们才会警觉。这就是为什么在大多数情况下，人们未能察觉政客偷梁换柱伎俩的原因所在。政客们在利用观众注意力的缺陷。

　　金瑞奇与罗姆尼在共和党初选时势不两立，但是素有铁嘴之称的金瑞奇能够抛弃前嫌，公开表示可以为罗姆尼的辩论出谋划策。支持率处于微弱劣势的罗姆尼力图在辩论中绝地反击，在第一次辩论前闭门谢客多日，为辩论做充分的准备，志在必得。

　　总统辩论没有开场白，由主持人或者观众提问题，通过抽签决定谁第一个回答问题，以后依次回答，每次回答的时间是两分钟，对手有一分钟的时间对回答进行反驳。主持人可以决定是否延长该问题的讨论，每人给 30 秒钟。辩论场地装有信号灯，绿灯表示还有 30 秒，黄灯表示还有 15 秒，红灯表示还剩 5 秒钟。会场上会有鸣叫或挥动小旗，表示时间已到。

主持第一次总统候选人辩论的是美国公共广播公司的吉姆·莱勒①。莱勒多次主持过总统辩论，在圈内颇有名气。莱勒已经退休，请他再次出山是因为奥巴马和罗姆尼的辩论太重要了。奥巴马和罗姆尼的选情胜负难料，美国正处于经济低迷时期，上任的总统将对美国的前景具有深远的影响。据估计，将有 6,000 万民众观看总统辩论的电视直播。这将是莱勒主持的第 12 次总统辩论，算上这一次总统辩论，他主持了到目前为止三分之一的总统辩论。

莱勒当辩论主持人的信念是不干预政策。他认为，主持人应该像棒球裁判那样，让球员发挥水平而别挡球员的道。他说，辩论主持人的最高境界是让观众感觉不到主持人的存在。这一理念在过去为他赢得口碑，此次的辩论却使他倍受责备。

2012 年 10 月 4 日晚，第一次总统辩论是在科罗拉多州的丹佛大学②举行。辩论的议题主要是国内政策。出乎预料的是，辩论中奥巴马的雄辩口才无影无踪，与平时善辩的总统判若两人。辩论中只见罗姆尼频频发起攻击，奥巴马处于防不胜防的境地。莱勒的不干涉主义更加助长了罗姆尼的攻势。第一场辩论以罗姆尼的大胜而告终。随后的民调令罗姆尼竞选团队士气大涨，只要罗姆尼保持这一态势，此次竞选似乎稳操胜券。

民主党选民对奥巴马的表现万分失望，对主持人莱勒纵容罗姆尼无故延长发言时间表示极为不满。媒体对奥巴马在辩论中一反常态的表现发表众多的猜测。有的人甚至认为自从共和党初选以来，罗姆尼一直在与同僚们唇枪舌剑，而奥巴马却坐山观虎斗缺乏锻炼。

---

① Jim Lehrer of Public Broadcasting Service。

② The University of Denver at Denver, Colorado.

其实奥巴马的被动表现不是没有道理的。辩论前的民调表明奥巴马领先罗姆尼，只要奥巴马不犯大错，他可以维持这一优势，直至取得最后的胜利。因此，奥巴马力求在辩论中不犯错误，不象罗姆尼是背水一战。其次，辩论中过于强势未必有利于树立正面形象。民主党人戈尔在与小布什的辩论中的表现及后果，奥巴马一定会记忆犹新。戈尔在辩论中完全掌握主动，小布什显得毫无经验，给人一个"楞头青"的感觉。可是，美国的民众反而喜欢上这位不善言辞的西部牛仔。沉稳老练的戈尔未能通过辩论的胜利占多少便宜。奥巴马担心重蹈戈尔的覆辙，所以不敢充分发挥自己的辩才。

面对急速下降的民调支持率，奥巴马竞选团队及时改变策略加强进攻。在副总统候选人的辩论中，民主党的拜登与共和党的莱恩表现得旗鼓相当。拜登成功地扼制住罗姆尼扩大战果的势头。当总统候选人再次对阵进行辩论时，奥巴马开始凶猛地反击了。奥巴马已经没有什么退路，如果他再一次在辩论中失利的话，他的连任就没有什么机会。

第二场总统辩论于 10 月 17 日在位于纽约州亨普斯特德市的霍夫斯特拉大学[①]举行。辩论以"市政厅会议"的形式进行。这是一种不太正式的会议形式。会议主持者与参加会议的人员可以有更多的互动。辩论的观众由民意调查机构盖洛普[②]公司从尚未决定投票给谁的摇摆选民中随机地选出。提问的观众不是由哪个党或组织指定的。提的问题也是观众自己拟定，不由其他人代劳。

[①] Hofstra University at Hempstead, Florida.

[②] Gallup, Inc.

这场辩论的主持人是有线新闻网[①]的资深女记者坎迪·克劳利[②]。她是近 20 多年来首位女性主持总统辩论。克劳利是位强势女性，风格与莱勒截然不同。她在辩论会上多次阻挡候选人超时发言的企图。她在辩论中引发的争议，在美国辩论史上并不多见。在分配时间上，根据有线新闻网的统计，奥巴马的回应时间比罗姆尼多了几分钟，共和党质疑克劳利偏袒奥巴马。

当谈及美国驻利比亚班加西领事馆遇袭事件时，奥巴马说他第二天就说这是恐怖行为。该事件中，有四名美国外交人员遇害，其中包括美国驻利比亚大使。罗姆尼反驳说，奥巴马是到了两周以后才将事件定性为恐怖行为的。罗姆尼意在指责奥巴马政府反应迟缓。这时克劳利出手救场，对罗姆尼说，奥巴马当天确实说了"恐怖行为"。奥巴马立即请她再重复一遍，以增强效果。克劳利后来也感到有点不妥，接着对罗姆尼说，奥巴马政府确实花了两个星期的时间搞清事件，这一点他也是对的。主持人如此地介入辩论遭到共和党的抨击。

在回答关于女性权力问题时，罗姆尼列举他在担任马萨诸塞州州长时期的经历。他说，他找了好几个女性组织，问她们能否为他找些人。她们给了他一叠"满载女性（资料）的活页夹[③]"。罗姆尼本意是说，一叠女性的求职档案。可是英文产生了歧义，媒体和民众斥责罗姆尼不尊重女性，把女性"物品化"，女性像活页夹里的纸张一样，呼之即来，挥之即去。

第二次总统辩论中，奥巴马表现出色，超过半数的民众认为奥巴马在辩论中战胜罗姆尼。民调开始止跌略有回升。有人说，如果奥巴马第一次辩论能像第二次辩论那样表现，选战早就完了，罗姆尼根本没戏。

[①] CNN。

[②] Candy Crowley。

[③] Whole binders full of women。

最后一场总统辩论于 10 月 22 日在佛罗里达州博卡拉顿市的林恩大学[①]举行。辩论的议题是外交政策。对于外交政策，奥巴马明显地占据优势。首先是因为罗姆尼无缘参与外交决策，根本没有这方面的经验。其次，他的思维方式仍停留在冷战时期。当罗姆尼指责在奥巴马的领导下，海军的军舰数量减少时，奥巴马毫不客气地讥讽道，"我们的战马和刺刀也少了。"奥巴马接着说，"我们有叫做航母的东东，飞机可以在上面起降，我们有行驶于水下的核潜艇。"

舰只数量的减少体现现代战争的发展趋势，罗姆尼的抱怨恰恰显示他对军事的无知。奥巴马任总统期间，用特种部队杀掉本·拉登，多次解救被海盗扣押的人质。这种用小股精锐的特种部队，而不是用大规模地面部队解决危机的方法，才是更聪明、更省钱、更现代化的军事策略。罗姆尼被呛得失声。奥巴马的机智和敏捷赢得观众的赞赏。

在关于对华政策上，罗姆尼指責奧巴馬對中國不够強硬，令美國流失大量工作機會。他更批評奧巴馬，容許中國政府操控貨幣。羅姆尼表示假如自己當選，上任後第一天就會把中國列為貨幣操控國。奧巴馬也多次不友好地提及中國。中國成為两位总统候选人的共同靶子和替罪羊。

小布什当政期间任勞工部長的趙小蘭曾說过，在總統競選期間，抨擊東方國家的情況非常普遍，但是當候選人成為總統後，便需要意識到經濟全球化，美國不能自立於世界之外，美中雙方必須維持良好關系。当年克林顿与老布什竞选总统时，克林顿曾严厉地批评老布什对没有人权的中国太软弱，仍然给中国最惠国待遇。等到克林顿上台，他却立马变了面孔，力主给中国最惠国待遇，声称这一决定是出于有原则的和现实的立场。

[①] Lynn University at Boca Raton, Florida.

　　最后一次总统候选人辩论以奥巴马完胜告终。民调显示奥巴马已经挽回颓势。虽然广大的民众对总统候选人的辩论密切关注，但是辩论对选举结果的影响未必像人们想象的那样重要。一位政治学家研究从 1952 年到 2008 年的大选，研究结果表明，辩论有时会强化优势候选人的地位，却很少能让处于劣势的一方扭转乾坤。从 1960 年开始，辩论前民调支持率领先的候选人在辩论后仍维持这一优势。在近 60 年的选战中，只有卡特总统在 1976 年通过辩论成功地打了一个翻身仗。

　　距离大选只有一个星期时，奥巴马和罗姆尼的选情仍处胶着状态。在九个摇摆州中，罗姆尼在两个州中领先奥巴马，奥巴马在五个州中领先罗姆尼，在最后的两个州中双方势均力敌不相上下。佛罗里达州和俄亥俄州向来被看作兵家必争之地，后者更有"得俄州者得天下"之说。共和党候选人未拿下俄亥俄州而当选总统的先例还没有出现过。当时，奥巴马暂时在该州领先。罗姆尼计划 10 月 29 日亲赴俄州展开拉票之旅。

　　但是就在这一关键时刻，飓风"桑迪"不期而至，使得罗姆尼无缘去俄州与奥巴马殊死一搏。奥巴马和罗姆尼相继取消在摇摆州的拉票之行。表面看来竞选似乎暂时停止，其实不然。奥巴马总统超越选举，行使最高统帅权力，领导民众应对这场风暴，本是份内的职责，但是就政治层面而言，政治肯定搀杂其中。飓风不但提高奥巴马的曝光率，也给奥巴马在美国人们面前展现领导风范提供难得的契机。奥巴马与有关的联邦部门首领和受风灾影响的州长进行联络共商对策，承诺联邦政府将随时待命，为各州提供援助和支持，甚至告诉州长们，万一遇上官僚阻碍，他们可以直接与他通话。奥巴马巧妙地运用手中的政治优势为竞选造势，出尽风头。反观罗姆尼却无所事事，只能在一旁干着急。虽然罗姆尼可以作作秀，帮助救援人员把救灾物品装载上车，但是他能发挥的作用有限，远远落后于身居总统的奥巴马。

更重要的是，桑迪风暴对共和党的小政府理念产生巨大的冲击。古典经济学理论认为，在"看不见的手"的作用下，市场能够让每个人在实现个人私利最大化的同时产生公共利益。但是市场只适合于私人物品，并不适合于公共物品。对公共物品的生产和消费，只能通过社会选择。社会选择理论是现代经济学中的三大理论之一。

那么，是否存在非市场性的社会选择规则，能从选择个人私利最大化中获得公共利益的最大化呢？讲得通俗一点，有没有一种方法使得国家利益和个人利益一致起来呢？现代经济学家的研究认为，不可能做到公共利益和私人利益的兼容。因此，如果能用市场规则，就要尽可能地利用市场规则，尽量使人类事务沿着市场机制去运行。所以对于政府来说，越小的政府越可取。这是共和党和罗姆尼一再强调小政府大市场的理论基础。

但是，人类的许多事务仍然依赖公共选择，因为充分竞争的市场也会失败。让公共选择兼容于私利和公共利益非常重要。完全的放任自由会导致集体的非理性。集体的理性必须建立在对个人选择的限制上。市场机制是有界限的，在很多情况下，人们不得不采用非市场规则，损失某些个人利益来达到社会的最大利益。这是民主党和奥巴马坚持政府作用的理论根据。

以上两种观点都有理论支持，都有一定的道理，谁是谁非没有定论，需要具体情况具体分析。桑迪飓风的到来帮了奥巴马大忙。奥巴马全力以赴指挥抗风救灾，让民众看到，当民众遇到不可抗拒的天灾人祸时，民主党主张的大政府会立刻伸出援手。这是宣扬大政府的绝好良机。在暗贬共和党的同时，奥巴马也再次为自己添加连任筹码。奥巴马太有运气了，真是天助"奥"也。

美国的三大汽车公司有两家曾濒临破产，罗姆尼出于小政府的理念，放言应该让公司经历破产程序才能自救，如果政府向两家公司发放贷款，公司肯定玩完。罗姆尼以商人的敏锐眼光，提出应对美国汽车工业困境的方案并没有错。但是如果两家公司进入破产程序，美国的机器制业将风光不再，大批的制造业工人会失业，尤其是几个摇摆州里的工人。由此造成的社会影响是不可估量的，引发的社会动荡是不能用金钱计算的。罗姆尼的主张深深地刺痛了工人们的心，为他的失败埋下又一个祸根。

尽管共和党人极力反对大政府，反对奥巴马为振兴美国经济力主的刺激经济方案，认为这一方案不可能奏效，理应抵制，但是他们对于刺激经济的资金还是很感兴趣的。共和党副总统候选人莱恩对奥巴马的刺激经济案投了反对票，可是还是写信给政府的部长要求为他的选区争取刺激经济资金。莱恩深知这种口是心非的作法见不得人，所以多次在公开场合下矢口否认曾经申请过资金。他说，刺激经济方案不可能也没有起到刺激经济的作用。他说，他不是那样的人，一面反对方案，一面写信向政府索要资金。不幸的是，媒体挖掘出他写给能源部长和劳工部长的信件。在信中，他声称刺激经济资金将帮助他的州解决就业问题和减少能源消耗。媒体讥讽道，我们可以授予莱恩"奥林匹克虚伪奖"，他整天价高喊减少政府开支，私下里却偷偷申请数百万美元的政府资金。这一事件不仅对莱恩的声誉有负面影响，而且使民众对共和党推崇的小政府大市场的理念产生质疑。

奥巴马和罗姆尼此时已经停止竞选拉票活动，因为面对天灾民众受难再进行拉票是不合时宜的。但是这不能阻止旁人出来拉票。克林顿作为奥巴马的盟友出手相助。他接替奥巴马，继续四处奔波为奥巴马助选，甚至喊破了嗓子。在美国驻利比亚使馆人员遇害事件上，克林顿的夫人抢先坦承疏忽，为奥巴马出来挡子弹。她对媒体说，她为班加西领事馆致命攻击事件负全责。她负责领导国务院 275 个岗位上的六万多雇员。总统和副总统不可能知道负责保卫工作的官员的具体决定。这些官员负责掂量评估危险，并做出相关的决定。言下之意，领事馆因保卫人员不足与总统和副总统无关。作为曾是奥巴马政敌的克林顿夫妇太仗义了。他们俩的鼎力相助对于奥巴马实在太重要、太及时了。难怪共和党人金瑞奇说，不得不称赞克林顿，他与希拉里替奥巴马做的，比争取连任的奥巴马本人还要多。更有人说，如果奥巴马连任，他会欠克林顿夫妇很多。

奥巴马不仅得到来自本党的支持，在抗风救灾中还得到来自共和党人的赞扬。奥巴马来到自己的票仓新泽西州与共和党州长探视灾民，让克里斯蒂州长赞不绝口。这一倒戈式的赞扬无形中暗伤罗姆尼。在此之前，克里斯蒂是罗姆尼的铁杆支持者。他一直抨击奥巴马的政策和政绩，声称"给奥巴马买张机票，让他滚回芝加哥老家去。"奥巴马在救灾中干练的领导人形象使克里斯蒂改变看法，倒向奥巴马。纽约市市长共和党人布隆伯格也表示支持奥巴马，对他的抗灾表现赞扬有加。三天前，布隆伯格还毫不留情地拒绝奥巴马访问纽约。美国的主流媒体表示，布隆伯格的举动影响了全美中立人士，为奥巴马拉到不少选票。

对于厌倦政治斗争的中间选民和尚未决定投票给谁的摇摆民众来说，奥巴马竞选挂免战牌表现超然，似乎置连任不顾，更关注民众疾苦。奥巴马在抗灾中的表现赢得人心。成就大事业需要天时、地利与人和。奥巴马在这三个方面占尽先机。

分析罗姆尼和奥巴马的的竞选拉票之旅，人们可以看到，他们只是频频光顾几个摇摆州，在这些州内穿梭不息。他们很少甚至从来不去被称为红州或蓝州的地方，如得州和加州。这是因为，得州是红州属于共和党，无论谁来拉票，结果都是一个样，罗姆尼在得州稳操胜券。而加州是蓝州属于民主党，拉不拉票无所谓，奥巴马肯定在该州胜出。这些州内的民众，作为个人投不投票无所谓，因为州内的大趋势很难改变。所以美国总统选举中，真正决定胜负的是那几个两党选票相近的州。

桑迪飓风来袭期间，有人语出惊人，说这场毁灭性的自然风暴是奥巴马利用五角大楼的气象武器一手炮制出来的，旨在树立一个果敢、有力的领袖形象，赢得选民的支持，为顺利连任加分。如果这一指责是真的，那就太可怕了。如果一个国家能拥有气象武器，它在今后的战争中即使不是无敌于天下，也将是很难战胜的。

此类奇谈怪论枚不胜举。曾有人质疑美国登月壮举，说那是美国宇航局制造的惊天编局，所谓的登月过程其实是在美国的某个沙漠地区拍摄的。还有人说，九一一事件是美国政府寻找借口入侵伊拉克自编自导的一场闹剧。美国有专门发表八卦新闻的小报，诸如死人复活这样毫无根据的谣言也敢登载。此类语不惊人誓不休的小道新闻不能当真，免得贻笑大方。

2012 年的大选日终于来临。美国的选举日定在 11 月的第一个星期一后的第一个星期二，也就是说大选日定在 11 月 2 日到 11 月 8 日之间的那个星期二。2012 年的大选日是 11 月 6 日。全美乃至全世界都在焦急地等待着计票结果。

选民们的投票是怎样清点的呢？2000 年大选关于佛罗里达州选票清点出现的问题，也许有人还能依稀记得。当时佛州使用的是打孔卡式投票机。选民在中意的候选人姓名旁边打个孔，表示投该候选人的票。如果选民打孔时用力足够的话，就会有一片小纸屑从选票上完全脱离下来。如果选民打孔时用力不够，小纸屑会仍然连在选票上。这样的话，问题就来了。小纸屑可能与选票只是一丝相连，也可能是两点相牵，或者三角相挂，甚至四边相粘，最糟糕的是选票上只有个凹陷的印子。这些情况到底是表示投票人有意选这位候选人因为匆忙或者力气不够大没有按好打孔器呢，还是选民后来改变主意不投他的票呢？

另外选票的设计也会影响准确性。佛州存在着颇有争议的"蝴蝶式选票"。这种选票把候选人的姓名印在两边，中间是打孔的空间。这样的排列是为了节省选票版面的空间，可是这样一来把不少选民搞晕了头。他们很可能想选张三，却在李四的地方打了孔。

根据选举当日的统计，小布什在佛州只比戈尔多 1,784 票。参加投票的佛州选民达到将近 600 万人，这样的微弱多数是很罕见的。佛州的法律规定，候选人的选票差额小于 0.5% 时，需要重新点票。如何重新点票，共和党与民主党存在着巨大分歧。争论的焦点之一是如何对待小纸屑没有完全脱离的那些选票。如果一丝相连算有效票，那么两角、三角或四角相挂的算不算？那些只有凹陷印子的选票能不能算？

最后经最高法院裁决，对两个县的选票进行重新清点，小布什仅以 537 票的多数赢了选举当上总统。根据事后的研究，如果在全州范围内把挂角的和只有凹陷印子的选票都算上的话，戈尔会胜出。所以有许多美国人戏称小布什的总统是"偷"来的。当然研究也表明，用不同的标准结果不一样，也有可能小布什领先。从这一事件中可能看出，投票机的缺陷会影响选举的公平性。美国国会于 2002 年通过《帮助美国选举法》，拨款39 亿美元淘汰老式的投票机，改用新式的电子投票机。

投票机的发展经历了漫长的道路。据称公元前 139 年的罗马采用纸选票来进行选举，可以算是最早的纸选票。目前这一形式的选票仍然存在，特别是人数不多的小单位。对于大规模的选举，纸选票显然有点力不从心，于是有了拉杆式投票机①。

---

① Lever voting machine。

拉杆式投票机有一个操作面板，上面的拉杆代表可供民众选择的选项，可以是候选人，也可以是供选择的提案。选民进行投票时，拉动与选项相对应的拉杆。当选民离开时，拉杆自动复位，并带动机器内的计数器。投票机有防止选民重复拉杆投两次票的功能。

美国的第一台拉杆式投票机于1892年在纽约州的洛克波特市[1]投入使用。到了1930年，几乎所有的美国大城市均采用拉杆式投票机。上世纪的六十年代，一半以上的选民是通过拉杆式投票机投票的。1996年时，仍有20%以上的选民使用这一老式的投票机。

第二代投票机是打孔卡式投票机[2]。通过打孔对选票进行计数的想法产生于19世纪的九十年代。直到1965年，这一设想才由哈里斯[3]付诸于实践。他的设计基于IBM的计算机读卡技术。过去，火车和汽车上的工作人员在车票上打个孔，表示已经验过车票。计算机的读卡技术是受这一启发。打孔卡式投票机的研制非常成功。到1996年的总统大选，约有37%的选民使用打孔卡投票机进行投票。但是在2000年的总统大选中，因为佛州选票的争议，打孔卡式投票机声名狼藉。

第三代投票机是光学扫描投票机[4]。这种投票机的原理与某些标准考试采用的计分器原理相似。出国留学人员一般需要经过考试，如托福和美国研究生入学考试[5]等。最早期的纸试是由考生把答案填在答卷纸上，然后由光学扫描仪统计成绩的。光学扫描投票机用的是同一种技术。这种投票机要求选民在选

---

[1] Lockport, NY。

[2] Punch card voting machine。

[3] Joseph P. Harris。

[4] Optical scanning voting machine。

[5] GRE, Graduate Record Examination。

票上的选择项里涂黑。光学扫描仪把选民的选择读进计算机，然后统计出选票数。据估计，美国目前有 60% 的选民使用这种投票机。

光学扫描投票机比起打孔卡式投票机要先进一些，但是仍然存在问题。如果选民没有在规定的地方涂黑，例如出了格，或者划得不够清楚，扫描仪可能不识别。而且如果选民搞错了，或者临时改变主意，纠正错误很费事。前面已经划过的地方一定要清除干净，否则扫描仪会误读错判。

笔者曾遭遇过这样的尴尬。1996 年大选时，我领到了一张选票。选票有 16 开本大小，印有几十名候选人的名字。我得一个一个地划黑圈。划了几个候选人以后，我发现选票还有一种投票方法。选民可以直接按党派投票。这样，选民只需要划一个圈就可以了，除非你跨党投票。对于我来说，我对候选人并不太了解，还是按党派投票更简单。可是我已经选了几个候选人。我问选务工作人员，有没有橡皮可以擦掉前面的黑圈，回答竟然是没有。因为画圈用的是铅笔。为了防止工作人员在选民投过票后涂改，投票点不提供橡皮。这一下我可犯难了。最后，工作人员给我一张新的选票，并把旧的选票作废。作废旧票还挺麻烦，我作为选民必须签字，还有两位工作人员同时签字才算了结。

老式投票机的问题催生了新一代的投票机。这就是第四代的电子投票机。广义地说，电子投票技术包含与打孔卡投票机或光学扫瞄投票机结合的电子点票系统和自成体系直接记票的电子投票机[1]，还包括通过电话、计算机和英特网传输纸选票或其他形式的选票。

---

[1] Direct record electronic (DRE) voting system.

目前，电子投票机习惯上是指自成体系的电子投票系统，即电子投票和远程电子投票①。电子投票是在政府人员或选务工作人员监管下进行投票。远程电子投票，顾名思义是由选民自行投票，没有其他人监管，通过网络将选票输入中心系统。

电子投票机有不少优点。电子投票的版面设计空间比较大，不用像拉杆式、打孔卡式和光学扫瞄式投票机那样排列非常紧凑，使选民产生困惑。蝴蝶式选票再也不需要出现。候选人与候选人之间，提案与提案之间可以有足够的空间，不会产生混淆，选民可以避免可能的错误。电子投票机点票精确，比人工点票发生的错误率低很多。点票速度非常快，投票完毕后，总票数很快就能统计出来。

尽管有以上的优点，电子投票机也有一些令人不安的缺点。由于电子投票机完全依赖电子，如果投票机出现故障，原始数据受到破坏，那么选票将无法复原。纸选票、打孔卡式选票和光学扫瞄选票毕竟有原始选票，如果需要重新点票，可以轻易地多次重复。但是电子选票机则不然，如果损坏，就像遭遇一场大火，所有的选票化为灰烬，损失无法挽回。2004 年的选举中，新泽西州和北卡罗莱纳州已经出现过电子选票"丢失"的现象。远程投票面临黑客的威胁，如果黑客进入数据库，麻烦就大了。2008 年普林斯顿大学公布的一项研究表明，目前几个州使用的电子投票机极易被黑客攻击，所以及时地备份和防止黑客显得很重要。

2012 年，笔者参加了大选的投票。为方便选民，投票可以在大选日之前的一周或两周内进行。民众可以利用周末在任何一个投票点进行投票。负责选票管理的州务部在许多地方设立临时投票点。我是在一家超市里投的票，投完票后顺便买菜，

---

① 电子投票在英语叫做 e-voting，远程电子投票在英语叫做 i-voting。

既方便又省时。超市开辟出一片空地，里面放置几台电子投票机。选务管理员是政府部门的工作人员和自愿者。

选民进行投票，第一步是出示选票。选票的获取很方便。选民可以向州务部直接申请，也可以在申请身份证或汽车驾驶执照时申请。由于选民身份证一案正处于诉讼阶段，所以我不需要出示身份证件。管理人员将我的个人信息记录下来后，发给我一张两寸见方的小条子，上面有进入投票机的密码、时间和投票地点、选区。凭着这张小纸条，我找到指定的投票机开始投票。

投票机有一人多高，显示屏约一尺宽两尺长，显示屏的旁边有两个按钮，一个负责上下移动箭头，另一个负责输入选项。当箭头到达中意的候选人的名字以后，按下第二只按钮，该候选人的名字旁边就多一个勾，表示选中。使用起来非常方便，也很清楚，不会产生误解。虽然电子投票机是高科技产品，但是使用时并不需要高科技，只要不是文盲，任何人都会在很短时间内学会使用。

不过，方便的投票机并不能保证选民们在投票时不遇上麻烦。候选人的选择相对简单一些，但是对于公决提案的选择，事情就要复杂得多。公决提案一般是法律提案，文字常常显得晦涩难解。这里举一个例子说明。2011 年 11 月，得州奥斯汀市提出十项公决提案交由选民通过。第四项公决提案全文如下：

> 授权州议会修正州宪法，允许各县发行公债或债券，为开发或重新开发生产力低下的、落后的或受灾的地区注入资金，并且为公债或债券因各县对该地区的财产征缴从价税而引起的增加提供偿还担保。

对于普通民众来说，理解这一条公决提案挺费力气。如果事先不作点功课进行研究，投票时肯定抓瞎。笔者参加投票时，因为事先没有认真地作研究，面对十条公决提案足足花费近 20 分钟才做出选择。2012 年大选时，奥斯汀市的选民们除了对数十名候选人进行投票外，还要对十条关于市政府成员如何选举产生的提案和六条发行公债和债券的公决提案进行投票表决。每位选民在投票机前所花的时间至少一、二十分钟，甚至更多。

出于好奇，笔者在大选日特意到一个投票点去观察选举情况。政府部门有条规定，公务员可以在大选日请两小时的带薪假参加投票。主管领导不得以任何理由拒绝请假。该投票点设在一所小学。孩子们仍然在上课，选民们则在学校的礼堂里进行投票。由于选民涌跃投票人很多，只好分批让选民进入投票区。众多的选民在校园外面静静地排起了长队耐心地等候，队伍足有 100 多米。投票的选民至少要等一两个小时才能轮到。

有几位拉票的志愿者举着"快去投票"的牌子站在那儿。选举日是不允许为党派拉票的，但是他们可以鼓动选民参加投票。他们看到我来了，礼貌地对我说，"您投票了吗？"

"投了，"我回答说。

"好样的，"一位志愿者说。"投给这位候选人了吗？"他低声问道，说着指了指牌子上的名字。名字写得很小，不太显眼。看来这位志愿者破坏了规矩，冒险进行最后的拉票。看着他执着的态度，我内心不由得敬佩和同情。恰好我记得投了这位候选人的票。

我忍不住低声告诉他，"我投了他的票。"

"谢啦，"他握住我的手。

对于情况特殊的人员，选务管理部门设有特殊的应对措施。为使正在空间工作的宇航员们投下庄重的一票，美国宇航局建立专门的通道。设在得州休斯敦的约翰逊宇航中心向远在数百英里上空的空间站发去电子选票。宇航员填好选票后，发回宇航中心。宇航中心再将选票转给选票站。1997年，得州通过一项法律，为宇航员建立特殊的选票通道，因为大多数宇航员居住在得州的休斯敦。第一次宇航员投票发生在1998年的选举。当时一位美国宇航员正在前苏联的和平号空间站工作。

在美国，人们一般不公开谈论自己的政治态度，不议论自己如何投票，更不询问人家的政治观点和投票意向。所以在美国，除了不询问人家的年龄和工资薪水以外，最好也不要询问人家的政治态度和投票倾向。这是我的比较熟悉的美国朋友告诫我的。当然名人和有影响的人除外。例如小布什时期的国务卿、黑人退役将军、共和党人鲍威尔公开力挺奥巴马连任。在大选日前两天，美国的500名退役将领登广告支持罗姆尼，因为他们不满奥巴马处理驻利比亚班加西领馆袭击案的手法，不满美国以往四年的经济表现，更不满奥巴马削减国防开支。

退役军人可以这么做，现役军人却不能公开介入政治。一位海军陆战队的士官长公开批评奥巴马总统。军方通知这位士官长，他的行为违反了国防部的政策，他将被去职解甲归田。这一规定很有道理。现役军人作为公民可以行使权力投票选举自己的总统和官员，但是不应该公开涉入政治。否则，军队中政见分歧，对执行保卫国家的使命非常不利。

2012年奥巴马和罗姆尼的选战牵动美国亿万民众的心，虽然民众的参选热情比起2008年有些逊色，但是参加投票的民众仍然相当踊跃。有的地区，选民们为投下神圣的一票竟然排队等候四个多小时。

大选日的媒体异常忙碌，各家媒体力图抢先报道选举结果，以赚取民众的眼球。媒体派出最强的主持人阵容，播报当日的选举，不仅当家主持人当仁不让地成为四年一遇的重大事件的主播，而且许多名人也被邀请到主播室或现场报导点，进行分析和评论。各家媒体还会派出小分队，深入投票点进行现场报导。例如，有线新闻网派出 29 名记者到 20 个重要地点去做现场报导，其中有两个小组去了俄亥俄州，两个小组去了新罕布什尔州。这两个州是摇摆州，在本次大选中具有举足轻重的地位。

　　媒体的一个重要作用是预报选举结果。投票点关闭数小时以后，选务官员开始清点选票。选票的统计结果需由州务卿签字后方可成为正式的官方结果。这一程序至少需要一天的时间。那么总统候选人为什么在大选日的当夜或者第二天的凌晨就会宣布胜选或承认败选呢？媒体的预测在这里起到决定性的作用。在 2012 年的总统选举中，奥巴马已经宣布连任，罗姆尼也发表承认败选的声明，但是官方正式的选票统计还没有出笼，佛罗里达州的选票在两天后才正式统计出来。长期以来，媒体的预测相当准确，与后来的官方统计没有多大的差距。

　　不过，媒体的预测曾出过洋相。2000 年小布什与戈尔竞选总统的激烈程度是美国史上罕见的。开始时，新闻媒体宣布戈尔已经获胜，过了不久，又转而宣布小布什获胜。戈尔信以为真，打电话给小布什，祝贺他当选，承认失败。谁知，又过了不多久，媒体说双方选票过于接近，无法准确预测谁胜谁负。戈尔又打电话给小布什说，收回他刚才对布什的祝贺与自己败选的承认。这一戏剧性的变化，都是因为媒体预测缺乏准确性造成的。从这次事件中，媒体汲取教训，再也不敢因为抢速度而失去准确性。2003 年几家大的媒体（如美国广播公司新闻网，美联社，哥伦比亚广播公司新闻网，有线新闻网，福克斯新闻网，全国广播公司新闻网等）成立了全国选举联合报道团[①]，为各新闻网在大选日当晚报道提供更可靠的资料。

---

① National Election Pool.

媒体是如何预测大选结果的呢？媒体主要是依靠"投票后调查"[①]，方法是在投票站对刚刚投过票的选民进行调查，询问他们投了谁的票。调查不仅包括对总统的投票，还包括联邦参众议员的投票和提案的投票情况。对于提前在大选日以前已经投过票的选民，媒体通过电话进行调查。爱迪生传媒公司[②]的分析员对收集的数据进行分析做出预测。各家新闻媒体花钱购买这些分析，然后结合本团队收集的数据和分析，发布对大选的预测。大选日当晚热闹非凡，各家新闻媒体的预测五花八门。不过，细心一点的观众会发现，媒体的预测基本上是大同小异。这是因为，主要的信息来源出自一家。

为了公平和保密，大选日的当天爱迪生公司的分析人员被隔离起来，以防他们提前泄露分析结果。到东部时间的下午 5 时，分析结果才对外公开。选择在下午 5 时，而不是更早一些时候是为防止由于时间过早，数据不完整而造成误报。尽管大选日当天已经有很多选民们投完票，但是不到下午 5 时，谁也得不到任何有关选票结果的预测。民众唯一能做的是耐心等待新闻媒体的晚间广播。

选择下午 5 时的另一个原因是，媒体过早宣布选举结果会影响选民们的投票。美国的东部与西部有四个小时的时差，足以使西部的选民提前知道东部的选举结果。处在最西部的选票可能已经无足轻重，投不投票不会影响最后的选举结果。曾经发生这样的现象，加州有的选民正驾车去投票点准备投票，半路上得知总统选举结果已经出来了，扭头回家不参加投票了，因为他们投不投票已经无所谓。

[①] Exit poll.

[②] Edison Media Research.

在预测选举结果方面，近年来出现一颗新星。这就是被媒体称之为"算法之神"的年青统计学家希尔沃[1]。这位天才研发了能够预测球员表现和职业前景的棒球分析系统[2]而引起关注。希尔沃转入选举预测领域，2008年成功地预测总统选举的结果和50个州中的49个州的选举结果。他还准确地预测35名联邦参议员的竞选结果。此后他与出版商签下70万美元的出版合约，出书写他的"书呆子式"胜利。2009年他被时代周刊评为"世界最有影响力的百人"之一。

对于2012年的大选，许多专家预测两位候选人的得票率将不相上下，旗鼓相当。但是几个月来，希尔沃却一直预测奥巴马将赢得大选。大选的当日，他预测奥巴马有90%的可能获得大半选举人团票。希尔沃采用的是统计界熟悉的数学分析模型。他的成功得益于他是体制外的单干户。他不与政界来往，也不与利益集团、媒体顾问、竞选经理和新闻发言人等接触，可以说是两耳不闻窗外事。按他的说法，叫做排除干扰。其次，他有正确的方法使用现成的数据。尽管他所拥有的数据别人也能得到，但是由于他知道如何使用这些数据，如何衡量某一数据的重要性，所以他的预测比别人更准确。大多数人认为失业率对大选的结果有非常重要的影响。而希尔沃却有他自己独特的看法。事实证明他的判断是正确的。

大选的当日，奥巴马竞选团队和罗姆尼竞选团队分别在各自的竞选总部集会，等待竞选结果。奥巴马的竞选总部设在芝加哥，罗姆尼的总部放在波士顿。奥巴马邀请了10,000多名支持者参加芝加哥的集会，人们可以看到各族裔的人影，有白

---

[1] 内特*希尔沃(Nate Silver, 1978-)，统计学家，棒球统计分析家，选举统计学家，作家。

[2] 棒球分析系统（PECOTA），全称为 Player Empirical Comparison and Optimization Test Algorithm，球员数据对比和优化测试计算系统。

人、黑人、拉丁裔人和亚裔人等等。而罗姆尼在波士顿的集会仅有数百名贵宾，只有戴着特别识别证的人士才能进入，人们看到最多的是白人，少数族裔的身影并不多见。罗姆尼的许多富豪朋友是驾着私人飞机到波士顿，准备庆祝罗姆尼当选总统的，富豪们在舒适的房间里等待着罗姆尼胜利的时刻。两个会场成鲜明的对照。

随着媒体不断地报道他们的预测，奥巴马总部人声鼎沸、群情激昂，而罗姆尼总部却鸦雀无声，静得连根针掉在地上都可以听见。罗姆尼的支持者瞠目结舌，不敢相信眼前发生的事情。奥巴马以微弱的优势拿下一个又一个摇摆州。罗姆尼支持者们原先期望的胜利并没有出现。罗姆尼更加不能接受眼前的事实。他只准备一份选后演讲稿，这是一份胜选版的演讲稿。他太自信了，不过他的自信不是毫无科学根据的。罗姆尼的竞选团队通过民调预测认为，罗姆尼可以拿下北卡罗里纳、佛罗里达、佛吉里亚、新罕布什和科罗拉多州，并在俄亥俄州可以与奥巴马打个平手。谁知，这些州统统归了奥巴马。而且，罗姆尼竞选团队开发出一个叫做"逆戟鲸"①的秘密武器。这是高科技的移动应用工具，帮助志愿者提高拉票效率。杀手锏到最后时刻才拿出来，旨在产生惊人的效果。谁知，未经测试的新技术很不稳定，很多志愿者无法进入系统获取信息，因而不知所措无所事事，反而误了大事。

罗姆尼只有一份胜利版的演讲稿，使人联想起二战时期艾森豪威尔将军在发动诺曼底登陆总攻前写的一份声明。这是一份败战的声明，艾森豪威尔在声明中告诉民众，诺曼底登陆已经失败，责任完全在身为总司令的他，将士们已经竭尽全力。幸运的是，这份败战声明没有派上用场。诺曼底登陆以大胜告

---

① 逆戟鲸计划（ORCA project）。

终，艾森豪尔的这份声明成为美谈。凡是能够成就大事业的人，一般都是低调稳健的伟人，那种自命不凡的狂人鲜有成功的。

耗资 20 多亿美元，动用 100 多万个广告，美国史上最昂贵的选战终于落下了帷幕。奥巴马成为二战以来，第二位连任的民主党总统，也成为第一位 70 年以来失业率高于 7.4%时，仍然连任的总统。

对于中国来说，罗姆尼的败选有得有失。如果罗姆尼上台，他推行的经济政策未必对中国的经济发展不利。罗姆尼曾以解散和重组公司为业，谋取更大的利益，把公司转到国外是其惯用的手法。在罗姆尼的管理下，或许会有更多的美国公司搬到中国。当然，罗姆尼的败选对中国也未必不是好事。他的几位华裔高参来自香港和台湾，力主对中国强硬。如果罗姆尼上台，肯定会对中国大打出手，他上台的第一件事就是把中国列为汇率操纵国。罗姆尼的败选使中国避免与一位强硬总统的对峙。

罗姆尼的失败有着众多的原因，归纳起来有以下几点。有些原因属于客观存在，不以人的意志为转移，罗姆尼对此无能为力。一般现任的官员连任的可能性比较大，因为现任的官员可以利用权力之便，发挥出更大的影响。现任总统的知名度肯定比挑战者高得多，所以罗姆尼在这一方面没有优势。

其次，美国的人口结构近几十年来发生了巨大的变化，少数族裔人口占的比重越来越高，发挥的作用也越来越大。少数族裔倾向于民主党，罗姆尼没有能够得到更多的少数族裔的支持，所以败选不足为奇。

美国尽管近几年来经济一直低迷徘徊不前，但是在大选前夕出现好转的迹象，给民众带来的希望。民众对奥巴马的责备减轻，处于中间立场的人们开始倒向奥巴马。

飓风桑迪的来临对奥巴马来说是天上掉下来的大馅饼。风暴的到来是一场危机，既充满着危险，也捎带来机遇。奥巴马汲取了小布什处理卡特里娜飓风不力的教训，成功地领导美国人民抗风救灾，在民众心目中成功地塑造了良好形象，不仅获得民众的一致好评，而且得到政治对手的赞扬。政府在抗风救灾中的表现，有力地驳斥了以罗姆尼为首的共和党的小政府理念，使得以奥巴马为首的民主党的大政府理念在民众中，得到一定程度的赞同。

罗姆尼的失败也存在本身策略上的失误。首先，罗姆尼没有能够撇清与共和党极端分子的关系。初选中，共和党的极端思潮淋漓尽致地暴露在民众的面前。桑托罗姆反对政教分离，巴哈曼提出政府被穆斯林分子渗透，还有人拒绝承认奥巴马的出生证，仍怀疑他没有资格成为总统，佩里扬言上台要大砍三个政府部门，可是连哪三个部门都搞不清。种种极端的言论和政策，使得共和党失去原本可以争取的中间派。罗姆尼本来并不是一个极端派人物，可是为了能够获得初选的胜利，不得不放弃原有的立场向右转，甚至自扇耳光否定他过去的政绩。为了取得党内保守派的支持，他选择与茶党关系密切的莱恩作为竞选搭档。这一选择是双刃的，它可以使罗姆尼锁定共和党内右派势力的支持，但是却使他失去争取中间立场的选民的机会。

其次，虽然共和党制定在竞选中大打经济牌的策略，这一方案理应成功，但是罗姆尼却无法让民众看到他比奥巴马好在哪儿。罗姆尼虽然对奥巴马的批判和指责打中要害，但是自己却提不出明确的方针和政策。每当谈到他将如何解决问题时，他总是闪烁其辞。他以为竞选与商场差不多，总是以"这是商业机密，天机不可泄露，你们只要相信我就行了"的态度去对待民众。民众不知他的葫芦里卖的是什么药，或许比奥巴马的更糟糕。有些民众选择奥巴马是出于两害相权取其轻的无奈之举。

罗姆尼为了竞选成功，不惜说谎使得他的可信度大大下落，降低在民众心目中的威信。罗姆尼在大选的紧要关头登出广告，说克莱斯勒公司有意将旗下的吉普汽车转到中国。说此话的目的是为了回击民主党人对罗姆尼不救美国汽车业的攻击。结果该不实广告引来了克莱斯勒公司高管的强烈不满。广告适得其反，导致民众和媒体群起攻之，更被一家有影响的网站评为2012年的"年度最大谎言"。

更重要的是，由于罗姆尼是一位不解民间疾苦的巨富，信奉市场竞争和弱肉强食。他的治国理念（当然也是共和党的理念）是取消由政府对广大民众施行的社会保障和社会福利，把保障和福利投入市场竞争，全面实行私营化。他还一再坚持对富人减税。这样的政策必将进一步加剧美国社会的贫富差别，富人将更富而穷人将更穷。追求经济自由和人性自由没有错，但是任何事物总有个限度，过犹不及。虽然政府过度地干预和参与市场运作会有害于经济的健康发展，但是放纵商人的贪婪，任凭资本野兽的吞噬，同样也会阻碍经济的发展。罗姆尼走得太远，失去了民心。

2012年的大选不仅选出总统，还选出许多官员。引人注目的是威斯康辛州选出一位同性恋的联邦参议员。这位政客公开承认自己的同性恋性取向，仍被选民接纳，显示国人在同性恋问题上的宽容。

大选中，马里兰州，缅因州和华盛顿州通过公投提案，同性婚姻在这些州将合法。这是同性恋者的巨大胜利，是同性恋民权问题上的一个转折点，也证明美国的民众支持所有家庭（包括异性、同性、单亲家庭）的平等。

2013年6月26日和27日，最高法院相继作出两项重要裁决：第一，同性婚姻伴侣有权享受联邦给予异性婚姻伴侣的福利；第二，《婚姻保护法案》违宪。该法案定议夫妻是一男一女之间的结合，否定同性婚姻。最高法院的这两项裁决意义深远，被认为是美国同性婚姻运动的巨大胜利，为同性恋合法化扫清道路，是人权斗争的一大胜利。

科罗拉多州和华盛顿州还通过关于大麻的公投提案。提案规定，年满 21 岁的成人可以拥有一盎司（约 28.5 克）的大麻，如果领有州政府颁发的执照，商店可以合法销售大麻。这一提案的通过对于有些老板无疑是个好消息。一位华盛顿州的酒吧老板正为他惨淡经营的生意发愁，他看到大麻开禁给他带来的巨大商机，立即招揽客人到他的酒吧吸食大麻。华盛顿州在过去的五年里，违反禁大麻法令被抓的人数达到近七万人。刚刚通过的提案执行后，将会给该州每年带来上亿美元的税收，政府还可以节省下逮捕、审判和监禁吸食大麻的违法者的巨额费用，一进一出，今后的五年里，解禁大麻的提案会为华盛顿州带来 20 亿美元的收益。

40 多年前的 1961 年，美国总统尼克松宣布毒品是美国的"第一号公敌"，从此揭开以美国为首的反毒品之战。在美国和全世界范围内，特别是拉美地区，非法毒品交易泛滥，每年达到数十亿美元，导致无数的死伤和家破人亡。从严峻的现实中，人们开始反思，联合国决定于 2016 年召开特别会议，重新审视反毒问题，讨论如何采用新思路、新办法来对付毒品问题。

建议召开特别会议的是拉美国家的领导人，如墨西哥总统和哥伦比亚总统。拉美国家是全世界生产可卡因和大麻最多的国家，深受毒品其害。经过几十年的暴力和死亡以后，这些国家的领导人开始寻求新的途径解决毒品问题。瓜特马拉总统公开倡导毒品合法化，而哥伦比亚总统认为葡萄牙的政策值得借鉴。在葡萄牙，毒品的使用是合法的。拉美国家对美国的两个州通过的关于大麻的提案尤其关注，也许提案为解决毒品问题带来曙光。对于科罗拉多和华盛顿州大麻解禁的提案，世人正拭目以待。

奥巴马虽然胜利了，但是他面临的挑战也是前所未有的。美国的财政赤字已经超过万亿美元，政府面临财政悬崖的危机。对于如何解决目前面临的困境，共和党与民主党的立场迥然不同，双方都不愿意妥协。更困难的是，奥巴马面对一个意识形态两极分化的美国。奥巴马胜选后，20多个州的民众提出请愿，要求他们的州脱离美国。得克萨斯州请愿的人最多，达到23,000多人。虽然这一行为仅仅具有象征性的意义，但是可以体现出民众间的对立情绪。

亚利桑那州的一名女子认为奥巴马当选，以后家里的日子不好过了。她认定奥巴马的当选与自己的丈夫没有参加投票有关，便与丈夫在停车场大吵起来。结果这位女子驾驭吉普车碾压丈夫，使丈夫受了重伤。纽约州有一对母女，女儿是共和党人，母亲是民主党人。母亲家门口竖起了支持奥巴马的广告牌。作女儿的极为不满，对母亲说，广告牌不除决不踏入母亲家半步。双方僵持很久。还是老天爷帮忙，桑迪飓风来了，把支持奥巴马的广告牌吹倒，女儿才来到母亲家中共同抗灾。我的一位同事在脸书中加入高中同学的交谊网。有一位多年的老同学对奥巴马出言不逊，恶言痛骂。这位同事实在看不下去，提醒老同学，奥巴马毕竟是咱们的总统，不应该如此恶语重伤。没想到，他的同学愤而断绝与他的一切关系和往来，把他从联络人的名单中去除，再也不理会老同学。密西西比州大学的数百名学生在大选日夜晚举行抗议活动，反对奥巴马连任。在抗议活动中，有人高呼种族主义口号。该校在50年前曾发生过震惊全美和全世界的骚乱。白人种族隔离主义者反对第一位黑人学生进入该校，联邦政府不得不动用军队保护黑人学生。想不到在50年后，还有人对黑人和少数族裔抱有成见。

　　面对罗姆尼的失败，共和党人开始反思失败的原因。金瑞奇认为，罗姆尼把竞选失败归咎于奥巴马当政时向黑人、拉丁裔人和年青人"送礼"是毫无根据的。这就像商店的货品销不出去，我们责备顾客没有品味一样。政治领导人必须理解民众，如果不能向民众展示更好的未来，不能使人民相信这一美好的未来，政党不可能取胜。

　　金瑞奇的分析是中肯的。共和党籍的州长们在拉斯维加斯开会讨论罗姆尼的失利原因。至少他们得到一个共识，即共和党必须向少数族裔伸出手来，努力去争取少数族裔的支持。如果共和党能够汲取教训，采取更为灵活的策略，争取更多的民众的支持，共和党在下一次的选举会打一个漂亮的翻身仗。

结束语

2013 年 1 月 21 日，奥巴马总统宣誓就职。他在演讲中展示他的远大施政抱负，向美国民众描绘了一个美好的将来，一个更加平等和充满机会的美国。奥巴马还高谈全国团结的理想，因为他面对的是一个有着严重分歧的国家。迎接挑战重塑美国，这是奥巴马的目标。总统的竞选虽然结束，但是斗争并没有结束。奥巴马将面临更严峻的考验。

我们如何理解美国的大选和选区重划呢？作为本书的结束语我们可以说，总统和参议员的当选分别依靠候选人在几个摇摆州或本州的"口诛"拉票，众议员的当选依靠选区的"笔画"。一句话，大选是一场"口诛笔画"的战争。这就是美国的大选。